趣谈辽墓考古

耶律羽之墓与宝山壁画墓考古散记

梁万龙　著

内蒙古出版集团
内蒙古科学技术出版社

图书在版编目（CIP）数据

趣谈辽墓考古：耶律羽之墓与宝山壁画墓考古散记 /
梁万龙著 . 一赤峰：内蒙古科学技术出版社，2015.8
（2020.2重印）

ISBN 9787-5380-2561-3

Ⅰ . ①趣… Ⅱ . ①梁… Ⅲ . ①辽墓—墓室壁画—研究
Ⅳ . ① K879.414

中国版本图书馆 CIP 数据核字 (2015) 第 211412 号

出版发行：内蒙古出版集团　内蒙古科学技术出版社
地　　址：赤峰市红山区哈达街南一段 4 号
邮　　编：024000
邮购电话：（0476）5888903
网　　址：www.nm-kj.cn
责任编辑：张文娟
封面设计：徐海明
印　　刷：天津兴湘印务有限公司
字　　数：220 千
开　　本：787×1092　1/16
印　　张：17.75
版　　次：2015 年 8 月第 1 版
印　　次：2020 年 2 月第 3 次印刷
定　　价：98.00 元

耶律羽之家族墓地文物保护标志

耶律羽之家族墓地文物保护标志

朝格图山耶律羽之家族墓地全景

宝山辽代契丹贵族墓地文物保护标志

宝山壁画墓地文物保护标志

宝山壁画墓地全景

辽真寂之寺

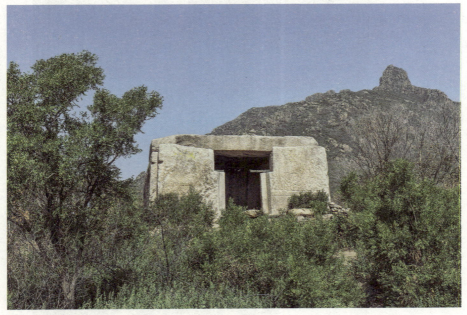

辽祖州石房子

辽上京南塔

辽上京北塔

辽祖陵黑龙门遗址

辽中京大明塔

辽庆州白塔

作者与白音查干

各级领导查看收缴上来的文物

作者与罕苏木苏木领导及文管所工作人员在耶律羽之墓地考察

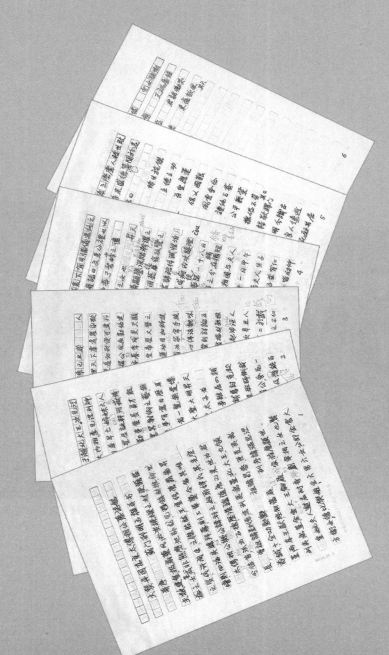

耶律羽之墓志 作者手抄稿

写在前面

二十多年前，即 1993 年，我写了《耶律羽之考略》一文，对当时在内蒙古阿鲁科尔沁旗境内发现的一座辽代墓葬的主人进行初步考证。该文后来被刊登在 1993 年 5 月 9 日的《中国文物报》上。因被考证的墓主人在历史上地位显赫，加之是此项考古中关于墓主人身份的第一篇文章，所以当时在考古界、学术界产生了一定的轰动效应。

之后，我又先后写出了《耶律羽之及其族氏考析》、《〈大契丹国东京太傅相公墓志铭并序〉考释》、《宝山辽代皇族壁画墓初考》等几篇文章，分别在不同的学术会上交流并被一些报刊登载。

二十多年后回头再看，感觉这些文章虽有一定的可读性，但显得零散、不全面、不完整，遂产生了将论文结集成书的想法，让读者读起来有整体感。然而把几篇文章简单地印装在一起，又太过于机械古板。这些文章，谈学术性不怎么深刻，论可读性又不太通俗。虽然近年来，对契丹和辽的考古研究已引起学术界的高度重视，著作量很大。但总的看，专业学术论文较多，普及性的大众能读得懂、有兴趣读的文章还是太少。而以前我写的关于耶律羽之的三篇文章，就像是三个不同半径的同心圆，虽然半径不同、涵盖范围不同，圆心都是一个，都围绕着耶律羽之其人、其事、其根、其迹。因每篇文章都是针对不同的写作目的、在不同时间形成的不同研究成果，故有时乍看好像几篇文章翻来覆去重复一个事，单看哪篇文章又都不全面。这样看，简单拼在一起结集成书确实既缺乏可读性也不协调。

特别是回忆起在这些论文的写作过程中，搞了大量调查，进行了多次实地考察，接触了很多人和事，收集了大量资料，包括文字和照片。在这个过程中得到好多人的支持和帮助，也有好多值得记忆和回味的东西。所以，最终还是想把论文的酝酿过程、写作调查过程中收集到的有价值的文字和照片资料、文章形成的曲折过程，以及遇到和发生的一些趣事写出来，向读者一并作介绍。这样既能使有文史知识的人可阅读鉴别，也能使对文史知识掌握不多的大众能阅读思考，兼顾"看门道"与"看热闹"两个层面。同时，为增强资料性和可读性、便于读者直观了解全貌，本书以图文并茂的形式进行了编写。

在篇章组织上，每一篇都先叙述论文写作过程，类似"十月怀胎"，之后交出论文原文，类似"一朝分娩"，再附上相应的照片。这样一种写法实属不伦不类。这里借着《明朝那些事儿》作者当年明月的一段话："其实我也不知道自己写的算什么体裁，不是小说、不是史书，但在我看来，体裁似乎并不重要。我想写的是一部可以在轻松中了解历史的书……"

耶律羽之墓和宝山壁画墓分别被评为 1992 年和 1994 年全国十大考古新发现之一。1996 年，双双被列入第三批内蒙古自治区重点文物保护单位。2001 年，又同时被列入第五批全国重点文物保护单位。二十多年后，再推出此书，算作是温故续新吧。

目 录

Contents

躬博達啟運玙臣加特進階上柱國食邑
巨之暇留心佛法耽味儒書入蕭寺則
眾士不避揄材朝上人國賴其相...
四年歲次辛丑八月十一日戊戌朔...
天道之不仁於忠良而降禍兮哀...
公禮也以壬寅年三月六日庚...
覽之獨庭增別鶴淑德得若...
而雖加醫藥漸至沉綿未相國...
理不定於醫藥因瘵而或差未...
牙於舊女人大人生子早...
壞器能不振於四人二人...
遷徽獻不振於降英...
玄妙英莫宂一共於降...
制御英雄窜一共...
乃聲遵雛窜...

第一篇 问出来的"考略"

一

1992年7月，正值盛夏。地处祖国北疆的内蒙古阿鲁科尔沁旗的辽阔草原上，绿草如茵，繁花似锦，万紫千红。成群的膘肥体壮的牛羊在牧场上自由自在地采食着青草，悠闲地到清澈的海哈尔河边去喝水。吃饱喝足了的成年牛羊有的趴在宽广的绿色地毯上休息，有的三五成群聚在树荫下，像在个别交谈。小牛犊、小羊羔们则不甘寂寞，在灿烂的阳光下，它们像小孩子一样撒欢嬉戏，追逐着、蹦跳着、顶撞着。

草原上的牧民度过了冬季的风雪严寒，度过了早春干旱大风时抗灾保畜的艰难时令，面对着蒙古包外天苍苍野茫茫的草原景象，面对着满眼绿色，面对着满山盛开的鲜花，看着自家如珍珠一样的满坡牛羊，心里充满无限喜悦。阵阵欢声笑语伴着奶茶的浓香，飘荡在辽阔的草原上。

一群年轻博克手在草地上施展身手，奋力拼搏。他们两两一对，有时两人撑着对峙，有时双双摔倒在草地上，有时还不忘和远处的赛马手打招呼，互相鼓劲加油。欢声笑语荡漾在草原上。原来他们是在为即将举行的全苏木那达慕大会做准备、搞训练。

那达慕，那可是草原人民欢乐的盛会，是草原蒙古族人民最盛大的节日。

"那达慕"是蒙古语，汉语译为"娱乐游戏"，是牧民们用以表达庆祝丰收喜悦之情的重要活动。每年的七八月份，草绿花红，牛羊肥壮，奶茶飘香，是草原上的丰收季节，是草原上的黄金季节。牧民们为了庆祝丰收，祝福草原来年风调雨顺、人民平安、牛羊兴旺，就要举行那达慕。那是草原上一年一度的传统盛会，蒙古族传统体育中的摔跤、赛马、射箭即是当家的三大项赛事。所以在那达慕举行之前，摔跤手、赛马手、射箭手在劳动之余都要进行紧张的训练，以便在那达慕上一显身手。现在的那达慕盛会上，除了进行传统的三大项比赛外，还增加了马球、马术、田径、球类比赛及乌兰牧骑演出等新的内容，同时还进行物资交流和表彰先进等活动。举行那达慕时，方圆数百里的牧民穿起节日的盛装，或骑着骏马，或乘坐汽车，或赶着勒勒车，络绎不绝地聚拢到会场周围。往日空旷的草原，那达慕期间帐篷遍地、人流如潮。白天赛场上，骏马驰骋，哈达飘扬；欢呼搏克手出场、祝愿搏克手取胜的长调高亢激昂；弓箭手铁臂拉弓直射靶心，喝彩声、欢呼声此起彼伏。夜间灯火通明，欢歌笑语，俨然是突然出现的一座美丽宏伟的"草原不夜城"。在那迷人的草原之夜，悠扬悦耳的马头琴声伴着草原姑娘那甜美的歌声，回荡在辽阔的草原夜空。各种异彩纷呈的文体活动同时展开。现在，已有800多年历史的那达慕已成为全民健身和群众娱乐的重要活动。

阿鲁科尔沁旗属赤峰市管辖，面积14000多平方公里，居住着蒙古、汉、满等各族人民30多万。这里是著名的科尔沁草原的北端，故称"阿鲁科尔沁"。大兴安岭的支脉南端从旗的北部嵌入，科尔沁沙地在旗的南部直连辽河平原。旗北部群山耸立，中部丘陵起伏，南部沙地湿地交错，地貌多样，生物多样，风景优美，气象万千。

1992年入夏以后，雨水充沛，草原上生机盎然，一派牧业丰收的景象，到处充满了祥和的气氛。突然间一个不和谐的消息在阿鲁科尔沁旗北部的罕苏木苏木古日班呼硕嘎查境内的朝格图山峦里传出，而且越传越广，越传越带有神秘感，间或让人们感到有些恐慌。

一个古墓被盗了。古墓很大，可能是个王爷的墓，可能是个丞相的墓，可能是个皇帝陵，墓里的殉葬品不计其数。盗墓贼本事很大，他们当中有掌握专门技术的"高人"，跺脚敲土就能确定墓穴位置，很短时间即进入墓室，将墓里的文物洗劫一空，大量珍贵文物流失。

消息越传越快，越传越远，很快传到我的耳朵里。那几天，有一些人直接就来问我："听说北面盗了一个大墓，这墓是哪个朝代的？墓主人是什么人？""墓里都有什么东西？""东西哪里去了？""是什么人盗的墓？""人哪里去了？"

在办公室里有人问，上下班路上有人截住自行车问，也有人打电话问："罕苏木苏木被盗的古墓里埋的是谁？"

又过几天，在旗里召开的一次会议开始之前，旗里几位领导也问我："被盗的那个墓是谁的？""都盗去了什么东西？"

好像这个问题就应该由我来回答似的，都来问我。我越回答不上来，人们越无休止地问。不管是不是应该你回答，也不管你尴尬不尴尬。就这样，别人觉得应该问我，觉得我应该回答。我——又去问谁呀？

一时间，不管在办公室、在街头、在路上、在家里，还是在其他一些公共场所，我都成了被追问的对象，好像要我必须拿出答案似的。

我当时是旗人民政府副旗长，主要分管农业和农村工作。那时农村正在进行联产承包责任制落实后的统分结合、双层经营尝试，除了正常的农村工作与农业生产经营外，全旗每年还要统一搞三次农田草原基本建设大会战，全民出动平整土地、修建梯田、治山治水，搞生态建设。因为我分管农业和农村工作，是这项工程的具体指挥者，所以从会战前的规划设计、会战时的指挥调度，到会战后的验收评比都要亲力亲为，没有节假日和星期天，上班要很早到，下班要很晚回，这样没黑没白地干还干不完。除此之外，还要接待一批批的参观学习者，有时还要被外地请去介绍情况。本职工作还忙不过来，我哪有时间去过问古墓的事。再说文化和文物工作政府有分管这方面工作的领导，还有主管文化和文物工作的部门。

但这事就像粘上你一样，推都推不掉，人们就是要问你。

冷静想一想，问我似乎也有点原因。一是因为我爱学习是大家公认的，不但学习现代的东西，对古代东西也比较感兴趣。尽管有些知识自己不太外露，但大家还是有所了解。二是1989年至1991年我参加了内蒙古大学助学的内蒙古地方史志专业自学考试，三年学习中还真学了些与文物考古相关的课程，如文史基础知识，中国古代、近代、现代史，内蒙古历史地理，内蒙古文物考古等。由于自己学习比较认真，不但毕业成绩优异，而且从那以后对文物考古还真感觉入了点门，产生了些兴趣。

对这个本来与我分管工作不相干的问题，由于处于众人"追问"的氛围中，我通过从以上两个方面联想，似乎感到大家问我也有些原因或者叫道理，似乎感觉自己有了点责任，也不能完全看做是分外的事，他们大概也不是强人所难。越思越想，越感到我作为政府副旗长，对所辖行政区域内发生的事做些了解调查也是必要的，如果真能弄明白、搞清楚，给社会上所有关心这件事的人一个准确的答案，也不应算是管了分外的事。

就这样，在思想里分外的事变成分内的了，没责任变成有责任了，进而又变成责无旁贷了，自己逐渐觉得我必须回答这个问题了。

就这样，众人的纷纷追问，问出了责任，问出了动力，问出了紧迫感，问出了结果，问出了文章。

二

一次我去旗人大常委会列席会议，去的时间早了些，离会议开始还有 20 多分钟，旗人大常委会主任朱文同志请我到他办公室。来到朱主任办公室落座后，朱主任首先笑着解释说："和你要说的事不是今天会议要研究的，是另外一件事。"他接着说："罕苏木被盗古墓这件事，社会上传得很滥，说法很多，到现在没有一个准确的说法，这不好。万龙旗长，我想你应该做做工作，把这件事研究明白，给社会一个明确的交代。"说到这里还没等我表态，朱主任又说："就这个事，你就办吧，等你的确切消息。时间到了，我们去开会吧。"就这样，我们一同进入会议室，开始了人大常委会的正式会议。

又有一天，旗政协主席吉格木德同志和旗委副书记巴拉同志同时走进我的办公室，他俩脸上带着微笑，用一种特殊的眼神看着我。吉格木德主席首先开口："万龙旗长，罕苏木被盗古墓的事你动动脑筋，弄个结果出来，给大家说清楚嘛！"巴拉副书记接着说："我俩就为这事找你来的。现在都在传说墓主人层次很高，是个历史上的重要人物，但具体又都说不清楚，你研究研究，研究清楚了，写个东西发表一下，让全旗人都清楚是怎么回事。"他俩说完话，一边抽着烟，一边笑着看我，好像在等我的肯定回答似的。我看着他们，只得说："我现在也说不清楚，这方面知识实在太少，真是不太懂，我尽量做做，不一定能弄清楚。"

他俩打断我的话："你下点力气，肯定能弄清楚。好了，我们走了，等你的消息啦！"

上面提到的这三个人物都是土生土长的阿鲁科尔沁旗当地干部，对全旗的情况非常了解，在当地人民群众中具有很高的威望。朱文同志是汉族干部，1935年生人，1949年参加工作，向来以工作严谨、作风扎实而受到人民的尊重。吉格木德和巴拉同志是蒙古族干部，他俩都出生在阿鲁科尔沁旗北部牧区，吉格木德同志出生在赛汗塔拉苏木，巴拉同志出生在坤都镇。而且他们都曾经长期工作在北部牧区。20世纪80年代，吉格木德同志曾任巴彦温都苏木党委书记，巴拉同志曾任坤都镇镇长。他们生于阿旗北部牧区并长时间工作生活在罕苏木苏木周围，对那里的山山水水都非常熟悉。此外，他们任旗领导职务比我早，是我的老领导，也是我特别敬重的两位蒙古族大哥。

三位领导的话虽不多，但我觉得分量很重。他们那微笑的表情和灼人的目光里充满着希望、信任和不容置疑。尤其是朱文主任的"等你的确切消息"和巴拉副书记的"研究清楚后写个东西发表一下，让全旗人都清楚是怎么回事"已经带有派任务的口吻。他们出了题目，文章由我来做，他们等我交差。

这时我开始感到这和大家街头巷尾的问话不一样了，这个问，力度大了。这个问，不是你能回答不能回答的事了，而是此问必答了。事有凑巧，越害怕有压力，就越有人给你施加压力。

有一天我到旗委开几大班子领导会议。会议开始前，参会的人还没到齐，旗委书记李双临同志对我说："万龙，你下点力量把北部被盗古墓的事研究研究搞清楚，给大家一个明确的说法，现在人们说得很乱。"我看着李双临书记，一时不知如何回答，好在开会时间到了，会议按时开始了。等会议散了，我留下来和李书记说："你让我搞清被盗古墓的事，我真怕一时搞不清楚。"没等我说完李书记就说："你搞不清楚谁搞得清楚？我也没让你一时搞清楚，下点工夫，二时、三时搞清楚也行。"

因为当时我分管农业和农村工作，又要具体筹划指挥一年三次大会战，这都是李书记抓得最紧的事，我这个副旗长的工作节奏、行动走向都在他掌握之中，丝毫不敢懈怠。搞这分外的事能行吗？出于这种心理，我故意说了一句："我这个搞农业的副旗长，研究古墓的事，不会是不务正业吧？"李书记听了一脸严肃地说："你们年轻人，不要只干分管的那点工作，别的什么都不顾。干农业搞会战是正业，把阿旗历史上曾经发生的大事搞清楚也是正业，你合理安排你的时间和精力就行了。"

其实我问那句话是我在向书记探底细、求说法，怕我做这件事遭到书记的批评指责。现在看起来，当时是幼稚多虑的。李双临同志是个文化层次很高的领导干部，他在担任阿旗旗委书记之前，就是中国作家协会会员，20世纪70年代就有长篇小说问世，担任赤峰市人民政府副市长之后也一直笔耕不辍，既是一位领导干部，又是一个著作颇丰的作家。

李双临书记的话，既给我压力，也给我动力，这回我做起来感到名正言顺、理直气壮了。

三

已经造成强赶鸭子上架的局势了，非要让外行人做出一篇内行文章。对我来说，光有压力不行，光有动力也不行，还要有必要的知识，要有实际本领，要有实际行动，于是我首先抓紧时间从两方面入手了解情况。

一是从文化系统方面了解情况。我把文管所所长丛艳双和文管所工作人员金钢请到办公室，向他们了解被盗古墓情况。

丛艳双介绍，1992年7月6日至8日，罕苏木苏木举行三天那达慕大会，这期间，旗文管所派白音查干等几个同志到那达慕大会现场进行文物保护法规宣传。有人向他们报告，最近（后查实为7月1日）罕苏木苏木古日班呼硕嘎查的朝格图山阳坡有一古墓被盗，被盗后的古墓盗洞一直敞开着，很多牧民进入被盗墓室里拿走不少文物。白音查干听后，反应非常机敏，7月8日没等那达慕大会闭幕，他就和几名工作人员开车赶到古日班呼硕嘎查。古日班呼硕嘎查恰好是白音查干的老家，他利用情况熟悉的有利条件，抓紧了解被盗古墓情况。他直接进入牧民家中，查看牧民从古墓里取出的文物，一见文物他吃惊不小，见到的文物太精美、太珍贵了。他当即嘱咐牧民一定把文物保管好，待他回所里汇报后再回来收取。牧民都对从他们身边走出去的小伙子很信任，表示一定保管好。白音查干几人连夜赶回旗里，立即向文物所所长丛艳双报告。丛艳双立即报告给文化局局长那木吉拉和主持政府工作的副旗长张远生，领导当场决定立即派人到现场查看。

7月9日，丛艳双、金钢、白音查干三人一早就出发去罕苏木。他们乘坐天山发往罕苏木的长途汽车在砂石路上经过几个小时的颠簸，在苏木政府所在地下了车。他们首先到苏木政府和派出所汇报情况、说明来意，要求苏木政府和派出所给予支持，建议尽快采取保护措施，千方百计保护文物，防止散落在牧民手中的文物流失。苏木政府和派出所表示积极支持，派出所所长当即指派两名警官协同文管所人员到朝格图山古墓现场实地调查，并让两名警官驾驶摩托车先到古日班呼硕嘎查做牧民的工作。

文管所同志经了解得知，被盗古墓在罕苏木苏木古日班呼硕嘎查境内的朝格图山阳坡，距罕苏木苏木政府所在地还有30多公里的路程，这段路不通公共汽车。从古日班呼硕嘎查村部到古墓葬所在地也还有很远一段距离，由于那里非常荒凉偏僻，从村里到那根本没有路。那该怎么走？他们拦了一辆牧民开的农用三轮车坐上，三人坐车来到海哈尔河岸边，这里没有桥，当时正是盛夏雨季，河水很大，水流很急，农用三轮车不敢过。他们只能下车在岸边等着，不一会儿等来一个牧民赶着一辆骡子车，善良的牧民把他们三人拉过河。他们三人步行走到古日班呼硕嘎查村部，先期到达的两名警官已在那里。嘎查达（村委会主任）赛吉日乎简单介绍了发现被盗古墓的情况，并说现在正从牧民家中往回收集文物。在赛吉日乎的带领下，丛艳双三人冒着中午的烈日步行赶往被盗墓地。到达墓地时，已是下午两点多钟了。七月的骄阳晒得他们个个满头大汗、头晕眼花。到达后，他们不顾劳累，请已事先守护在那里的几位嘎查达派来的当地牧民领着他们，顺着盗洞爬进离地面十多米深的墓室里。墓室里一片狼藉，棺木残板、人体骨骼、文物残渣、盗墓贼打洞时流进的泥土散落得到处都是。突然，盗洞口处被踩在脚下的一块大石头引起了丛艳双的注意。她借着手电光一看，这块近似长方形的大石头长有一米左右，很规整，再细一看上面有文字，她立即明白了，这可能是一块墓志。从墓室里出来，回到村部，她向嘎查达和派出所警官交代，从现在起不能让任何人进入墓室，一定要保护好现场，并建议把从牧民手中收回的文物都集中到一户牧民家中保管，防止流失，千万不能再出事了。当晚，他们三人就在古日班呼硕嘎查住下。

越怕出事还真的要出事。第二天一大早，丛艳双三人刚起床，一个牧民气喘吁吁地跑进来说，听说一个牧民赶一辆马车向墓地方向去了。他们三人一听这话，心里咯噔一下，脸也没洗，饭也没吃，急忙向墓地方向跑了过去。他们很快追上了这辆马车，一问才知道，这个牧民前几天曾进过墓室，他发现有价值的东西都被别人拿走了，自己白跑一趟什么也没弄到。他看到洞口处有一块大石头，很大、很规整、很细腻，手摸着很光滑，像油石，觉得砸开弄回家做磨刀石还用得着，只是当时没有工具也没有车，扛又扛不动，才没有拿走。他今天赶车去就是想把那块油石打碎拿回家做磨刀石。一听这话，几个人被吓了一跳，真是太危险了。他们当即向那个牧民解释，那不是普通石头，那也是文物，是不能动的。开始那牧民还想不通："文物你们不让动也让别人拿走了，就剩这一块石头还不让我动，我就要去拿了。"随后赶来的一些牧民也帮助做工作，他才放弃了去拉石头的想法，赶着车回家了。真让人后怕呀！假如那天早上这个去拉"石头"的牧民不被发现，那后果不堪设想。真的把这块"石头"砸碎了，那证明墓主人身份的唯一"石证"就毁灭了，那这个墓的主人是谁真要成千古之谜了。那真是无法弥补的损失呀！

经过这一场惊险之后，丛艳双三人感觉这块"石头"在墓室里放着不安全了，就从嘎查里雇了一辆车，又雇了几个牧民，从墓室里把它抬上来拉到村里，与之前收集的文物一起寄存在牧户家里死看死守。

回来后，丛艳双立即向市文化局和自治区文化厅汇报了情况，正赶上自治区文化厅文物处处长王大方在赤峰开会，他很快从赤峰赶到阿鲁科尔沁旗并到古墓现场。

不久，由自治区文物考古研究所、赤峰市博物馆、阿鲁科尔沁旗文物管理所相关人员联合组成的工作组开始对被盗古墓进行抢救性发掘，当我找丛艳双了解相关情况时，这个发掘队伍正在工作之中。

我问丛艳双："那块墓志呢？"丛艳双回答："已雇车拉到旗文管所，在库房里放着呢。""快，带我去看看！"

我们从我办公室马上起身去文管所，打开库房，见到了这块劫后余生的墓志。硕大的灰色砂岩长方形墓志，用旧棉被紧紧包裹着。我们小心翼翼地揭开包装物，见这块表面已被践踏得模模糊糊的石面上，刻写着密密麻麻的文字，首先能确定是汉字，楷书阴刻。虽经践踏，但仍能隐约看出字口勾金的残余。竖版排列，靠左侧的像是几首诗，排列很工整。因践踏磨损和泥土污染，当时多数文字看不清，细看能辨认出"公讳羽之姓耶律氏"等字。我当即要求文管所尽快小心清洗，搞出拓片给我。

我当时牢牢记住了"公讳羽之姓耶律氏"几个字。晚上回到家里，我把《辽史》从书架上取下，通宵查阅。查到卷七十五，列传第五，耶律觌烈名下小字注着"羽之"二字。《辽史》在记述完耶律觌烈生平之后，较详细地记述了耶律羽之生平情况。

《辽史》中说："羽之，小字兀里，字寅底哂。幼豪爽不群，长嗜学，通诸部语。太祖经营之初，多预军谋。

天显元年，渤海平，立皇太子为东丹王，以羽之为中台省右次相。时人心未安，左大相迭剌不踰月薨，羽之莅事勤恪，威信并行。

太宗即位，上表曰：'我大圣天皇始有东土，择贤辅以抚斯民，不以臣愚而任之。国家利害，敢不以闻。渤海昔畏南朝，阻险自卫，居忽汗城。今去上京辽邈，既不为用，又不罢戍，果何为哉？先帝因彼离心，乘衅而动，故不战而克。天授人与，彼一时也。遗种浸以蕃息，今居远境，恐为后患。梁水之地乃其故乡，地衍土沃，有木铁盐鱼之利。乘其微弱，徙还其民，万世长策也。彼得故乡，又获木铁盐鱼之饶，必安居乐业。然后选徒以翼吾左，突厥、党项、室韦夹铺吾右，可以坐制南邦，混一天下，成圣祖未集之功，贻后世无疆之福。'表奏，帝嘉纳之。是岁，诏徙东丹国民于梁水，时称其善。

人皇王奔唐，羽之镇抚国人，一切如故。以功加守太傅，迁中台省左相。会同初，以册礼赴阙，加特进。表奏左次相渤海苏贪墨不法事，卒。子和里，终东京留守。"

读了辽史羽之传，兴奋不已。由墓志中"羽之"之名，查到辽史羽之传的记载，可以证明墓主人身份。这一在北国沉睡千年的古墓主人，竟是一位赫赫有名、很有建树、得到辽国两代皇帝赏识的东丹国左大相，相当于一个辽附属国的首相，的确是一个重量级的人物。这真是一个极其有价值的考古发现，也许会让考古界震惊。

我真想快一点搞明白墓志内容，恨不得一下子跑到墓地现场去亲自查看一下。但我当时在政府分管的农业和农村工作忙得整天不得分身，这期间，只能在忙到深夜回到家里时，才能利用夜里时间抓紧查阅资料。

二是抽时间向公安部门了解情况。一天晚饭后，我邀旗公安局刑警大队高立民大队长到我办公室，询问案件侦破情况。高立民大队长介绍，案件发生后公安机关高度重视，公安局长邢明杰亲自部署，抽调精干力量，组成阵容强大的侦察破案队伍，正在日夜不停地调查取证、追踪被盗文物的去向。根据目前案件进展情况和已掌握的线索、搜集的证据，有望近期侦破此案并最大限度地追回被盗文物。

几天后，公安局长邢明杰突然打来电话，说有重要情况要到我办公室当面汇报，我一听非常高兴，放下电话，把正在做的工作都暂时推一推，就等着听邢局长带来的消息。邢明杰局长是位老公安，精明干练，雷厉风行，身材魁梧，仪表堂堂。他从事公安工作几十年，有着丰富的工作经验，始终保持着高度的警觉性和敏感性。是他带领旗公安局班子经多年拼搏努力，使旗公安系统的队伍建设、各警种的战斗力一直保持全自治区领先地位，使全旗的治安形势一直保持良好状态。在他的任期内，旗公安局跻身于全国优秀公安局行列，当时在整个内蒙古自治区只此一家。

不一会儿，邢局长和李才副局长带着刑警队的负责人来到我办公室。两位局长精神饱满、警容整齐，虽一脸严肃但还是看得出掩饰不住的激动心情。邢局长说，罕苏木古墓被盗案引起了各级公安机关的重视，不久前全市各旗县区公安局长在宁城开会，市公安局罗振奎局长专门找我了解案件进展情况，传达了自治区公安厅领导对本案侦破的指示。罗局长对切实增强警力，加快破案速度，最大限度追回被盗文物作了明确指示。按照市局领导的指示，旗公安局由分管刑侦的李才副局长挂帅，抽调精干警力，组成了强有力的破案队伍。为了方便在蒙古族集中居住地区办案，特别安排足够数量精通蒙古语言文字的警察参加。追逃犯罪嫌疑人和追缴外流文物同步进行。经过公安干警45天的日夜苦战，案件终于告破，参与盗墓的犯罪嫌疑人已全部归案，共追回被盗文物200多件组，使众多文物免遭流出境外的厄运。当时我听了非常激动，既对公安机关短期内破获此重要案件表示祝贺，对参战干警表示感谢，又对众多文物免受损失感到些许安慰。

随后，我和邢局长等人一起来到公安局刑警队，在严密保卫下的一间密室里，一睹了这些失而复得文物的真容。一件件文物被拿了出来，这些文物有些曾被盗墓分子埋藏在草原边缘的沙漠深处，有些是已转移到外地又被追回来的。这些文物有金银器、玉器、陶瓷器、铜铁器、木器、丝织品等。金银器有金镯、戒指、耳坠、金杯，还有贴在彩棺上的金人、金花银唾盂、金花银罐。其中有一件金花银质龙纹砚台，上面赫然刻着"万岁台"三个大字。看来这是皇帝使用的御用砚台，可能是皇帝赏赐给耶律羽之的。耶律羽之对此赏赐应是极其尊重的，不但生前使用收藏，作为自己身份及与皇帝关系的证明，并且死后也要随葬身边。据难以核实的消息，与砚台在一起的还有毛笔和书本，已在盗墓过程中被毁坏。有一个锤击成型再用錾刻工艺制作的圆口花腹金杯，在圈足和内圈均饰莲瓣纹，在杯的外壁錾刻着四对鸳鸯，两两相对，周围饰有团花和莲枝纹，这在当时是辽代出土文物中的首次发现。还有一花式口圈足金杯，杯的腹部錾刻五组精美的团花海东青图案，圈足之上为莲座纹内底，一对鱼儿宛若在戏水。陶瓷类文物主要有瓶、碗、罐、壶等，鸡冠壶、穿带瓶、"盈"字款碗都属于瓷器中的上品。其中有一个很大的白釉穿带瓶（后经考古证实是当年为止发现的最大的白釉穿带瓶），通高达70厘米，如果装满水一个人都很难拎得动。还有一对皮囊壶，因形状像马镫也叫马镫壶，釉色一白一黑，胎质细密坚硬，它上腹很扁，下腹圆鼓饱满，平底。制胎时仿照皮革拼接缝制的痕迹，在左右两侧堆出数条凸起的"线"。在壶的上部的一侧安一管状短流，另一侧安一提梁，做工细致逼真，就像真的皮囊壶。瓷器和釉陶器较多，约有数十件。这些精美的瓷器有产于定窑、邢窑、越窑、耀州窑的，也有辽三彩中的精品器物。辽白瓷质地细腻，色泽柔润，当属辽瓷中的上品。瓷器造型也是辽早期罕见的，特别是"黑定"极其珍贵（这为辽代瓷器的研究提供了珍贵的实物资料）。其中还发现来自外部的玻璃器。木器有棺床小帐、桌椅、木质星图、鎏金木狮等。铁器、铜器多为生产、生活用具。丝织品种类繁多，绫、罗、绸、缎、锦等图案精美，其中在绸缎上刺绣的鸳鸯、四雁衔花、奔鹿飞鹰及各种缠枝花纹等都采用金线绣、墨描等技法。所有文物都制作精美，工艺精湛，说明墓主人生前使用的和死后随葬的物品都是精心选择的，足以证明墓主人生前地位之高、生活之奢华和死后之厚葬。本次破案共追回被盗文物 200 多件组，加上此前在嘎查牧民手中收回的 40 多件组，该墓葬的文物总量达到 300 多件组，还有少部分未追回和被盗墓分子毁坏的若干件难以计数。后经文物部门鉴定，在收缴回的 300 多件组文物中，有多件国宝级文物。

　　该盗墓案经公安机关侦查终结后，按司法程序依次移送检察机关和人民法院。人民法院以事实为根据，以法律为准绳，针对每个人所犯罪行，一一作出了公正判决，使盗墓者受到了法律的严惩，予以世人强大的警示作用。但这千年古墓被盗，造成了难以挽回的巨大损失，在人们心目中留下了永久的遗憾。

四

　　了解掌握了古墓被盗情况和确定了墓主人身份之后，我非常想去古墓现场实地调查了解情况。但当时全旗夏季农田基本建设大会战正在紧张进行，生态工程以治山治水为主要内容，千军万马顶着烈日战斗在远山近岭上。尤其那年夏季会战前，旗委政府组织各乡镇领导赴河北省平泉县、迁安县、遵化市等地参观学习石质山区治山治水的经验后，治理重点有所调整，对治理标准、治理水平都提出了新的要求，工程任务量比上年也有所增大。全旗农区各乡镇、旗直机关单位在七八月份集中时间、集中人力、集中地块在山区，尤其是一些石质山区，集中会战治理小流域，挖鱼鳞坑、水平沟、竹节壕，为秋季造林提前整地，用工程措施加生物措施控制水土流失。作为全年三大战役的夏季会战，按照春秋治田夏治山的总体部署，会战紧锣密鼓地进行着。人们一般是早上四五点钟出工，一直干到晚上日落西山才回家。我作为主管农业的副旗长、大会战的实际指挥者，既要协调指挥全旗会战的各项工作，调度人力、物力，又要直接组织指挥旗直机关的会战，还要兼顾防洪、防雹等汛期的日常工作。每天起早贪黑，白天要带领指挥部人员到各会战工地检查指导，现场解决问题。晚上指挥部所有人员，都要集中到会战指挥部，连夜汇报各战区情况，发现哪些问题、出现哪些偏差、哪些乡镇干得好、哪些干得不好，要每晚一汇总，连夜出简报。发现大的问题如需调整部署，指挥部要连夜召开电话会议，向各乡镇通报情况，提出新的调整方案。日复一日，天天如此，虽年轻精力旺盛，但也弄得筋疲力尽，这期间除了会战之外其他什么事也无暇顾及。另外，如果这时你去做与会战无关的事，而会战的事需要你解决却找不到你，那你就是最大的失职。

别说会战与考古没联系，有一次真还联系上了。一天上午我到先锋乡检查会战情况，快到中午时来到刁家段村的会战工地，村民们正在挖水平沟，突然一个人说，这里遇到了大石块，几个村民听后也凑过去帮他一块挖。我赶忙走过去跳下沟用手一摸，感到石块很大、很规整，我拿过一把铁锨，和几个村民一起慢慢地边挖边探，觉得可能是口石棺。挖出一看，是一口盖子被雕刻成屋顶形的石棺，里面还装有骨灰，从周围还清理出陶罐等文物。中午，我让村民把石棺、陶罐等文物装在我的车上，同时给文管所打电话让他们中午留人等我。进城后司机径直把车开到文管所，文管所工作人员对文物认真登记入册，并对我这种保护文物的行为很感动。后来经研究确认那是一辽代石棺葬。

夏季会战刚一收尾，我的后面工作紧接着就来了，一是组织验收班子对夏季会战工地逐块进行验收。二是组织专业队伍对秋季会战进行规划设计，待到夏季会战工程验收结束，马上就要开始以土地整理、修梯田和畦田为主要内容的秋季会战。

不管怎样，国庆节后的一天，我终于可以去一次被盗古墓的现场了。那天，我和秘书王军、文管所所长丛艳双三人，一早就乘车出发，奔往被盗古墓现场。

罕苏木苏木在阿鲁科尔沁旗旗政府所在地天山镇北 130 多公里，古墓葬所在地在该苏木所属的古日班呼硕嘎查，距苏木政府所在地还有 30 多公里。那时，天山到罕苏木都是沙石路，特别是经过雨季洪水冲刷之后，道路坑坑洼洼。司机是长着一副娃娃脸的蒙古族小伙子斯日古楞，我们开着一辆 2020 北京吉普车，在砂石路上一路颠簸行进，车过之后，甩下一道长长的黄色的烟尘。用了两个多小时到达苏木政府所在地，再往古日班呼硕嘎查去就是便路。古墓葬在古日班呼硕嘎查的东北部，从嘎查到被盗古墓现场还有一段距离，这段距离就没有路了。坐车走了一段，车实在不能走了，我们就下车步行。在中午时分，终于来到了被盗古墓的现场。

深秋季节，草木枯黄，在飒飒秋风里，蜿蜒起伏的山峦呈暗红色，远处密密匝匝的灌木丛，高高低低的树上"披散"着红叶，一阵山风刮过，卷起片片的落叶，确是不似春光。

我虽然是土生土长的阿鲁科尔沁旗人，但这个地方我还从没来过。起自黑龙江南岸的大兴安岭绵延一千多公里，其支脉的南端横贯阿鲁科尔沁旗北部。这逶迤连绵的群山进入罕苏木境内，在古日班呼硕嘎查的东北方向数十公里处峰峦起伏的一段叫朝格图山，这里有一座突起的高山，其海拔高度达 952.4 米，在山峰顶尖部向阳的一面鬼斧神工地形成一个大沟堑，是从山顶垂直下来的一道大宽石槽沟。远远望去，像用斧子劈开的一道大缝，缝宽数丈，两侧则是齐刷刷的绝壁，所以当地人又把朝格图山叫"裂缝山"。山的东南方向三面环山，被盗的古墓及其墓葬群，就分布在这山峰前三面环山的扇形阳坡上。

近距离观看，在这向阳的簸箕形的山坳里，隐藏的是一个有 20 余座墓葬的古墓群，细看可分出排列有序的单个墓葬。被盗古墓，即现在已能确定的耶律羽之墓，位于整个家族墓群西南偏下的位置，在整个墓葬群中位置很显赫。考古人员正在对该古墓进行抢救性发掘。

我们在考古人员的引领下来到古墓前，只见一条长长的斜坡墓道已清理干净，墓道上方两侧堆积着清理出的黄土，黄土里夹杂着些棺木碎片、陶瓷碎片、丝织物的残线、杂色瓦砾，还有一些残损的人体骨骼，有的长骨棒已被砸断，但可以看得出，这些骨头既没有朽烂，也没有钙化，有些骨棒上还看得出脂肪沉淀后贴在骨头上的淡黄色沉积痕迹。这凄凉的场景无声地向人控诉着盗墓者的野蛮、残忍、粗暴和疯狂。我随手拾了几块骨头，装在塑料袋里，带回并一直保存到 1998 年 11 月我从阿旗调离，那时才都交到旗文管所。

由文管所的几个同志带领，连同自治区考古所的同志一起，我们一行人开始沿着 17 米长的斜坡式墓道向墓室行进，这个墓道与墓室的长方形门庭相连。整个墓葬为砖石结构，由墓道、门庭、墓门、甬道、东耳室、西耳室和主室组成。借助手电筒微弱的光亮，首先看到石门两面各绘一幅武士立像，如真人大小，威武彪悍，怒目虬髯，身披铠甲，手执宝剑，脚踩猛兽。虽站立千年，却不见半点怠倦，仍然威风凛凛，气势逼人，形象如初。彩绘虽历经千年，色彩仍然鲜艳。对面即是墓门，门有两米多高，两扇厚重的石门是由磨制精细的石料做成。两扇石门中的一扇已被盗墓者拆下，当时被当做向外搬运墓室里文物上下的"梯子"，上面的彩画已被踩踏得几乎什么也看不清楚了。另一扇石门还立在门框里，仍能转动自如。门额、门栏和两侧门框绘有缠枝花、牡丹、凤凰等花鸟图案。墓门则取富贵题材，内外两面都以朱红为底色，中心和边角绘满彩凤等图案。甬道及两侧的耳室都是用条石砌成的，考古人员介绍，这些地方原来都抹着石灰，上面画着壁画，由于经历千年侵蚀，壁画多已荡然无存，只有顶部还依稀可见残存着少量流云飞鹤的图案。在甬道里，丛艳双指着一个位置说，那块险些被砸碎的墓志当时就放在这里，两侧的耳室当时分别放置着马具和陶瓷器。

一进入墓葬主室，手电光就照出一个蓝绿色的空间。当进入这个方形的墓室上下左右一照，才知道这个墓室全用绿色琉璃砖砌成。考古人员介绍，整个墓葬全长 30 余米，墓室距地表深 10.2 米。墓室为正方形，室内四边各宽 2.54 米，高 2.14 米，穹隆顶。室内四面墙壁及顶部均以绿色琉璃砖砌筑。铺地砖分为两层，底层用普通青方砖和红色长方砖砌筑，表层则用带有花卉、昆虫图案的绿色琉璃方砖砌成。表层带有花卉、昆虫图案的绿色琉璃方砖大部分已被盗墓者盗走，只剩底层的方砖。主室北墙和东墙之下各有一个棺床，也是用琉璃砖砌成的。考古人员分析认为，北床安放的应是耶律羽之的尸体，东床安放的应是其夫人的尸体，这种分床葬法与以往发掘的辽墓同床葬法有明显的不同。可惜的是，两个棺床连同棺椁都已被盗墓者拆除破坏。整个墓室建造极其豪华，结构严密，做工精细、考究。考古人员说，这在以往发现的很多贵族墓，甚至有些皇帝陵中都是没有见过的，这里俨然是一座豪华的地下宫殿。

考古人员介绍，在得知此墓被盗后，内蒙古文物考古研究所、赤峰市博物馆、阿鲁科尔沁旗文物管理所相关人员联合组成发掘队伍，对此墓进行抢救性发掘，现在，发掘清理工作已近尾声。现场清理出很多珍贵文物，如鎏金铜马具、饰件，琥珀珠，玛瑙管，丝织品等，连同案件侦破中追缴回的文物和阿旗文管所在民间收回的文物，都是极其有价值的珍贵文物。下一步他们将对该墓所在的整个墓葬群进行清理发掘。

从墓室返回地面，太阳已经偏西，看着那堆起的两列黄土，看着那黄土里夹杂着的千年杂物碎片，看着那随风吹起的尘埃，我从内心深处萌发出一股思古之幽情。那些今天被人掘开的黄土，一千多年前填下它时，该有何等庄严肃穆、何等宏大隆重的场面啊！在这里沉睡千年又被一朝惊扰的，是那样一位曾经叱咤风云、显赫一时的重要历史人物，其人其事如何是应该搞清楚啊！

五

那期间旗文管所的同志们一直住在古墓抢救发掘工地，与自治区、赤峰市两级文博单位的同志一同工作，还要为其提供必要的服务，一直没有时间制作墓志拓片。

1992年10月底，文管所的同志把制成的一份墓志拓片送给我。接过这用两张纸对接而成的墓志拓片，我从头到尾认真看了几遍。乍一看好像大部分字都很清楚，但仔细一看，有很多字模糊不清，有些字看得清但不认识，有的字虽认识，但在一千多年前这个字代表什么意思也说不清楚。加之千年前的文章没有标点符号、没有断句，看起来像一盘散沙，理不出头绪。

我感到自己是接了个"烫手山芋"，真正意识到考古可不是儿戏，不是一门轻易就能入门的学问，要研究明白这块墓志真是个大难题。这个大难题之所以落到我的手上，是有偶然因素的。因为这块墓志在盗墓事件刚被发现、联合发掘队伍尚未组成时就被旗文管所发现并保存在旗文管所，才使我能首先见到并第一个拿到拓片。如果是联合发掘队伍组成并进入、清理工作开展之后发现的，墓志就只能被专业队伍封存，是不会让我这业外人看到墓志实物、得到墓志原文的，这个难题也就不会由我来答了。偶然因素促成了由我来答题的必然结果。好在这块千年前的契丹人的墓志是用汉字写的，不管怎么难，下决心研究还是有可能弄明白的。如果是用契丹字写的，那我可就一点办法也没有了。

我反复看着，反复思考着，琢磨着究竟从何处下手，才能摸索进去。经过一段时间的琢磨，我终于确定了先辨字、再断句、再释义这样的研究步骤，"摸着石头过河"，走一步再探下一步吧。

我逐字查了一遍，整个墓志共有 1210 个字，分 38 行，每行 23 ～ 35 个字不等，全为汉字楷书。墓志首题"大契丹国东京太傅相公墓志铭并序"，落款为"蓟门邢明远撰并书"。

反复看了几遍真还增强点信心。

这之后，我首先开始辨认文字，把拓片中看得清但不认识的字抄下来，做成单页卡片，装在公文包里随身携带，通过查找古文字工具书来辨认。对因多年腐蚀和盗墓时践踏磕碰磨损而不易看清的字，把可看清的部分照着样子描下来，在旁边写上相类似的字，也做成卡片，尽量辨认，并结合上下文来推测是个什么字，采取逐个突破的办法。

"书到用时方恨少"、"隔行如隔山"这些话都应验了，原来积累胸中那些"点墨"远远不够用了，辨认字、断句、释义，都力不从心了。"工欲善其事，必先利其器"。在研究墓志的同时，我开始有目的地突击学习，学习古文字知识、古典文学知识、历史知识、考古基础知识等，也算是临阵磨枪。

这期间，我集中买了好多书，读了好多书。书架上长时间不翻动的《二十四史》被拿下来了，重点读《辽史》，还要兼顾读《隋唐五代史》等。通过邮购从上海买来《契丹国志》。把《康熙字典》、《说文解字》、《字汇》、《字汇补》、《词通》等文字类的工具书和《中国历史大辞典》、《中国地名大辞典》、《中国人名大辞典》、《文物知识词典》等与文史相关书籍买来或找来，利用业余时间阅读研究。

通过一段时间的钻研，辨字工作有了很大进展。1993 年初，逐渐感觉字的障碍越来越小了。原来列出的那些需辨认的字一个一个被解决了，需辨认的字越来越少了。字的障碍初步被扫除之后，再试着对墓志全文进行阅读也越来越有顺畅感了。

1993 年 3 月的一天，阿旗扬起了沙尘暴，狂风裹起沙尘，漫天狂卷，刮得天昏地暗，到外面工作是出不去了。我抓住这个机会，把那幅看了不知多少遍的墓志拓片拿出来，摊在办公室的单人床上，我要用我的笔把它誊写下来。我像一个刚开始上学的小学生学写字那样，照着墓志拓片，一笔一画地描。一个上午，我费了很大的劲，逐字斟酌，逐字摹写，终于用 6 页纸把这 1210 个字写了一遍。我心中想，一千年前的蓟门古人邢明远怎么也不会预见到，由他撰写文稿并亲笔书写的这篇墓志铭文，在地下隐藏千年重见天日之后，竟由我用他没见到过的钢笔为他誊写了第一份现代的手抄稿。我翻弄着墨迹刚干的 6 页手稿，无比激动，心里充满了成就感，觉得这一步为我下一步深入研究打下了基础、铺平了路子。

六

如前所说，对志文要做到辨字、断句、释义，辨字这一关基本算过了。需说明的是，对有的字的辨认或者说确认不一定准确，与其他学者的观点也不尽一致。比如墓志中"沠出石槐"的"沠"字，我经反复查证，认为是古代"流"的异体字，此字还有"汃"的写法，意思是源流，是说耶律氏的先祖，其源流来自鲜卑中的檀石槐。但有的权威学者认为此字应确认为"派"，好在"沠"字也有读"pài"的注音，且在文中各自道理都能说得通，也算是殊途同归。这样的例子在断句当中还会提到。

走到这一步，就有了写文章尽快回答本文开头人们提出的问题的紧迫感了。虽然通篇断句、释义一时还不能做到，但根据对墓志字面理解并参照辽史的记载，对墓主人耶律羽之本人的认识还是逐渐清晰了。

耶律羽之，小字兀里，字寅底哂。根据墓志记载的死亡时间和年龄推断，应生于公元890年，即唐昭宗大顺元年，卒于公元941年（辽会同四年）。契丹迭剌部人，是契丹六院部蒲古只夷离董之后。夷离董是辽代官名，为辽代早期的军事首领，由本部望族世选，以领兵作战为主要职责。该家族自汉魏隋唐以来，世代为官，到后来产生了辽王朝九位皇帝，成为皇族。耶律羽之的祖父曷鲁，是辽太祖耶律阿保机的祖父辽玄祖简献皇帝（辽建国后追封的）匀德实的兄长。羽之的爷爷与阿保机的爷爷是亲哥俩。耶律羽之的父亲叫沤思（《辽史》为偶思），在遥辇氏可汗时为迭剌部夷离董。耶律羽之是辽太祖耶律阿保机的堂弟，比阿保机小18岁。

耶律羽之自幼性格豪爽，与众不同，脱俗超群，酷爱学习，精通多种部族语言，在阿保机建国之初，他就经常参与军机大事的谋划。天显元年（公元926年）七月，阿保机灭渤海国，以其地置，建立东丹国（意为东方之契丹），为辽国的附属国。封其长子皇太子耶律倍（图欲）为东丹国主，称人皇王。开始国都设在天福城（即原渤海国忽汗城，今黑龙江宁安县南），仿照渤海国旧的体制，设置中台省左右大相和左右次相。以阿保机的弟弟迭剌为左大相，渤海老相（姓名待考）为右大相，渤海司徒大素贤为左次相，耶律羽之为右次相。耶律羽之即为内阁第四把手。

东丹国建立不到一个月，人心尚未安定下来，左大相迭剌即病逝。同一年阿保机去世，其次子耶律德光即位，是为辽太宗。如墓志中说，耶律羽之"虽居四辅之末班，独承一人之顾命"，他不计位次排列，为政勤奋，恪尽职守，屡建功勋，威信不断提高。天显二年（公元927年），迁升为左大相。

天显四年（公元929年），耶律羽之按照人皇王耶律倍的指示向耶律德光上表建议：辽阳一带（《辽史·卷七十五》称"梁水之地"，即指今辽阳一带）乃是渤海国人民的故乡，地域宽广，土质肥沃，矿业、盐业发达，有木铁盐鱼之利。不如把东丹国都迁往辽阳城，将渤海旧民送还故乡，既可使这些人民安居乐业，国家又可获木铁盐鱼之利，我大契丹国就"可以坐制南邦，混一天下，成圣祖未集之功，贻后世无疆之福"。既可完成前辈未竟大业，又可给后世子孙留下无限的幸福。耶律德光采纳了他的建议，并把迁都建城的任务交给了耶律羽之，由于耶律羽之组织安排有方、指挥调度有力，都城很快便建成了，一年就完成了迁都到辽阳的任务。

天显五年（公元 930 年），耶律倍因感到与耶律德光有隔阂，一直受其监视，怕日后生变，就从海上逃往后唐的首都洛阳。东丹国从此没有了国主，耶律羽之实际上成了东丹国的最高统治者，此后一直主持国政八年多。他治理国家、管理人民和以前一样，因其功绩卓著，被加封为太傅。会同元年（公元 938 年）改辽阳为东京，耶律羽之任东京宰相。同年入朝，加特进阶（一品官），进入最高统治集团，直接参与辽王朝最高层次的军国大事。

会同四年（公元 941 年）八月十一日，耶律羽之病逝于辽上京（今内蒙古巴林左旗林东镇南），时年 52 岁。第二年（公元 942 年）三月六日，按着落叶归根的习俗，灵柩送回其故乡，厚葬于"裂峰之阳"——今内蒙古阿鲁科尔沁旗罕苏木苏木古日班呼硕嘎查朝格图山南麓。因其生前功高望重，故辽王朝为其建造了富丽堂皇的陵墓。

对于耶律羽之上表建议东丹国迁都的时间，羽之墓志明确记载是"天显四年己丑岁"，即公元 929 年。《辽史·卷三·本纪第三·太宗上》中载："天显三年，十二月，……时人皇王在皇都，诏遣耶律羽之迁东丹民以实东平。其民或亡入新罗、女直，因诏困乏不能迁者，许上国富民给赡而隶属之。升东平郡为南京。"天显三年即公元 928 年。对文献和出土墓志记载不一致的情况，我采纳了墓志记载的时间，觉得更可靠些。同时历代帝王纪年通常都采用农历，农历纪年与公元纪年在年代更替上是不同步的，天显三年十二月公元纪年已进入了 929 年。

了解到这种程度，一种尽快写出文章，说明墓主人身份，回答众人提出的问题的紧迫感，较之立意之初明显增强。

一天深夜，我下决心要动笔了。我把几个月来所查的各种资料、摘录形成的各种卡片，从书桌上一直摆到床上，有些书敞开向上放着，有些书打开扣着放着，身前身后到处都是。我按照初步形成的思路开始奋笔疾书，一气写到凌晨 3 点，第一稿形成了。第二天一早又做了些修改，上班后找打字员打印几份，交给政府办公室几位文字功底较深厚的人传看。下午有几个人向我反映，文章写得很好，就是有些像文言文，怕社会公众看不明白。我明白了，因这段时间看辽史、看墓志、查古文资料，涉猎的都是文言文，自己不自觉地进入了古人的语言环境，所以文章的初稿文白相杂。这样的表述方式、这样的文章可做个别欣赏，不利于大众理解。根据这些意见，我重新调整思路，按现代语文风格把文稿理了又理，再找一些同志看，大家认为可以看明白了，我才松口气。文章的题目拟定为《耶律羽之考略》，理由是不管对墓志的考证，还是对耶律羽之这个人的考证，都是初步的、不全面、不完整、不深刻的，只能就这个墓主人的主要情况给社会一个大略的说法。

文章首先在 1993 年 4 月 24 日《阿鲁科尔沁报》汉文版发表，在社会上引起一定轰动，一个时期内弥漫在社会上的这个疑团总算被解开。为了让使用蒙古语言文字，特别是不懂汉语的蒙古族群众也能弄明白，在汉文稿定稿后，我就和旗政府翻译室主任布和同志商量，看能不能把这篇文章译成蒙文。我和布主任说，这个古墓的所在地正是蒙古族群众比较集中的地区，居住在这一带的蒙古族牧民都非常关心这件事，光有汉文文章，满足不了蒙古族群众的阅读需求。我自己不会用蒙文写文章，只好请翻译室帮助解决这个问题。当时已经 50 多岁的布和主任在旗政府机关从事蒙汉语翻译工作多年，翻译功底很厚、造诣很深，被全旗从事翻译工作的同行公认为老师。布和主任拿到《耶律羽之考略》这篇汉文稿子大致看了一下，没立即做什么表示，说先研究一下。第二天，布主任对我说，他反复看了几遍稿子，觉得译成蒙文不太容易。他说，他虽搞了几十年蒙汉语翻译工作，但所翻译的基本都是党政机关的公文，主要是负责把党政机关的汉文文件、领导讲话、报告等译成蒙文，也有时把来自基层的蒙文材料译成汉文送给不懂蒙文的领导，这类专业论文特别是考古类的论文从没翻译过。他说他与翻译室几位同事初步研究了论文的汉文稿，都觉得有一定难度，能不能搞成没有多大把握，只能试试看。只要说能试试看我就很高兴了，这又不是翻译室应该承担的任务。布和主任一点儿也不含糊，商量完后，立即动手，他亲自出马，亲自执笔。翻译室其他人员都各有分工，译单词、查资料、搞复核、搞校对忙个不停。布主任还随时把翻译人员召集到一起，把译出的草稿交给大家讨论，请各位翻译人员提出意见，对每一个字、每一个词都认真斟酌。又过了一天，布和主任拿着十几页译完的蒙文稿到我办公室，带着虽疲惫但很高兴的神色对我说："稿子译完了，这是我做翻译工作以来，第一次接受并完成这样一份翻译任务。"我问："感觉怎么样？"布主任说："大意不会错，文字水平不敢说，不知领导是不是满意？"我笑了，很感动地说："太感谢你们了，满意不满意听社会反响吧。"很快，译成的蒙文稿在 1993 年 4 月 29 日《阿鲁科尔沁报》蒙文版上刊登，满足了使用蒙古族语言文字朋友的需要，收到了意想不到的效果，特别是在草原深处古墓地附近的广大蒙古族群众中反响更好。不久，《耶律羽之考略》这篇文章又在《赤峰日报》周末版、《红山晚报》文化副刊和赤峰市社科联主办的《松州学刊》杂志"史海钩沉"专栏发表，影响进一步扩大。

出人意料的是，1993 年 5 月 9 日《中国文物报》在第三版用标题和全文双加框的显赫形式刊登了《耶律羽之考略》一文。这是在国内外公开媒体上发表的关于耶律羽之的第一篇文章，是对墓主人身份发出的确定性的第一声。因内蒙古三级文物部门联合发掘简报是在《文物》杂志 1996 年第 1 期上才公开发表的，所以我这先声夺人的文章在国内外考古界引起了一定反响。

这时，我想我已回答了大家提出的问题，我的任务完成了。

下面就是《中国文物报》1993 年 5 月 9 日刊登的原文及原版照片，还有布和主任等译成的部分蒙文手译稿。

耶律羽之考略

一九九二年七月，在内蒙古阿鲁科尔沁旗罕苏木苏木古日班呼硕嘎查的朝格图山南麓发现了一座规模宏大的辽代前期墓葬。经清理得知墓主为耶律羽之。其墓室的豪华程度，殉葬品数量之多、制作之精巧超出常人想象。有些珍贵文物尚属国家首次发现，出土的墓志是目前所见辽代墓志中最早的一块。耶律羽之究竟何许人也？笔者仅就此作一初步考证。

耶律羽之（公元890—941年）[1]，小字兀里，字寅底哂。契丹迭剌部人，为契丹六院部蒲古只夷离堇之后。夷离堇是辽代官名，为契丹早期军事首领，由本部望族世选，以领兵作战为主要职责。该家族自汉魏隋唐以来，世代为官，到后来产生了辽王朝九位皇帝，成为皇族。耶律羽之的祖父曷鲁，匣麦夷离堇，是辽太祖耶律阿保机的祖父辽玄祖简献皇帝匀德实的兄长。其父沤思（《辽史》为偶思），在遥辇氏可汗时为迭剌部夷离堇。耶律羽之是阿保机的堂弟。

耶律羽之自幼性格豪爽，与众不同，酷爱学习，精通很多部族语言，在阿保机建国之初，他经常参与军机大事的谋划。天显元年（公元926年）七月[2]，阿保机灭渤海国，以其地置，建立东丹国（意为东方之契丹），为辽国的附属国。封其长子皇太子耶律倍（图欲）为东丹国主，称人皇王。开始国都设在天福城（即原渤海国忽汗城，今黑龙江宁安县南），仿照渤海国旧的管理体制，设置中台省左右大相和左右次相。以阿保机的弟弟迭剌为左大相，渤海老相（姓名待考）为右大相，渤海司徒大素贤为左次相，耶律羽之为右次相。

建国不到一个月，左大相迭剌即病逝。耶律羽之不计位次，为政勤奋，恪尽职守，威信不断提高。同一年阿保机去世，其次子耶律德光继位，是为辽太宗。这期间耶律羽之上表建议：辽河流域，乃是渤海国人民的故乡，地域宽广，土质肥沃，又有木铁盐鱼之利，不如把东丹国都迁到那里，将渤海旧民送还故乡，既可使这些人民安居乐业，国家又可获木铁盐鱼之利，我大契丹国就"可以坐制南邦，混一天下，成圣祖未集之功，贻后世无疆之福"。既可完成前辈未竟大业，又可给后世子孙留下无限的幸福。耶律德光采纳了他的建议，于天显三年（公元928年）末，把东丹国都迁到辽阳城。天显五年（公元930年），耶律倍因感到与德光有隔阂，一直受其监视，怕日后生变，就从海上逃往后唐的首都洛阳。东丹国从此没有了国主，羽之实际上成了东丹国的最高统治者，此后一直执政八年多。因其功绩卓著，加封太傅，升任中台省左大相。会同元年（公元938年）改辽阳城为东京，羽之任东京宰相，同年入朝，加特进衔（一品官），直接参与辽王朝的军国大事。

会同四年（公元941年）八月十一日，耶律羽之病逝于辽上京（今内蒙古巴林左旗林东镇南），时年五十二岁。翌年（公元942年）三月六日厚葬于今内蒙古阿鲁科尔沁旗罕苏木苏木朝格图山南麓。因其生前功高望重，故辽王朝为其建造了富丽堂皇的陵墓。在相隔一千零五十年后的今天，其墓葬的神秘面纱被世人揭开，成为一九九二年全国十大考古新发现之一。

注：

[1] 耶律羽之的出生年未见文献记载，本文中的出生年系根据出土墓志上注明的卒年、年龄按虚岁推算的。

[2] 契丹灭渤海的时间《资治通鉴·后唐纪四》为天显元年七月，《辽史·太祖本纪》为二月，本文从《资治通鉴》说。

（本次录入此文，除个别文字变动外，基本保持了《中国文物报》刊载时的原样。关于东丹国迁都辽阳和耶律羽之加封太傅、迁升左大相的时间，《辽史》、墓志记载有出入，后面另行叙述。）

1993．5．9　中国文物报　·3·

...一行为11朵，共55朵。壁画风古朴大方，线条流畅，比例协调。在主室壁的都有一影作梁，用朱红及黑色绘成几何连续图，似为两条龙相互缠绕，空隙处又加绘如长鼓的案，此图案为以往所见。在第一层桑涩梁上绘变形莲花的几何图案，含苞欲放的花蕾四周，弯曲的花叶，枝蔓相接，各图案连接为一体。在涩的底部绘有流云王字案，在耳室内四壁也绘这种流云王字图案。

墓内随葬品残存有鎏饰件、马具及铁工具等。时还出了一件茶绿色釉灶，三件酱黄色四横耳腹平展沿罐等器物。

此墓出土器物及壁画容、风格以及墓室结构方面与集安长川二号墓分接近，可以认定为高丽时期王室墓，大约为世纪中晚期至迟到五世初。这种以装饰纹为主壁画墓迄今少见。

发现记

耶律羽之考略

○梁万龙

一九九二年七月，在内蒙古阿鲁科尔沁旗罕苏木苏木古日班呼硕嘎查的朝格图山南麓发现了一座规模宏大的辽代前期墓葬。经清理得知墓主为耶律羽之。其墓室的豪华程度、殉葬品数量之多、制做之精巧超出常人想象。有些文物尚属国家首次发现，出土的墓志是目前所见辽代墓志中最早的一块。耶律羽之究竟何许人也？笔者仅就此作一初步考证。

耶律羽之（公元890——941年）①，小字兀里，字寅底晒。契丹迭剌部人，为契丹六院部蒲古只夷离堇，夷离堇是辽代官名，为契丹早期军事首领，由本部塑抽世选，以领兵作战为主要职责。该家族自汉貌陷唐以来，世代为官，到后来产生了辽王朝九位皇帝，成为皇族。耶律羽之的祖父匍马鲁，是辽太祖耶律阿保机的祖父辽玄祖简献皇帝匀德实宥的兄长。其父偶思，在遥辇氏可汗时为迭剌部夷离堇。耶律羽之是阿保机的堂弟。

耶律羽之自幼性格豪爽，与众不同，酷爱学习，精通很多部族语言，在阿保机建国之初，他经常参与军机大事的谋划。天显元年（公元926年）②七月，阿保机灭渤海国，以其地置，建立东丹国（意为契丹之东），为辽国的附属国。封其长子皇太子耶律倍（图欲）为东丹国主，称人皇王。开始首都设在天福城（即原渤海国忽汗城，今黑龙江宁安县南），仿照渤海国旧的管理体制，设置中台省左右大相和左右次相。以阿保机的弟弟迭剌为左大相，渤海老相（姓名待考）为右大相，渤海司徒大素贤为左次相，耶律羽之为右次相。

建国不到一个月，左大相迭剌即病逝。耶律羽之不计位次，为政勤奋，恪尽职守，威信不断提高。同一年阿保机去世，其次子耶律德光继位，是为辽太宗。这期间耶律羽之上奏建议：辽河流域，乃是渤海国人民的故乡，地域宽广，土质肥沃，又有木铁盐渔之利，不如将渤海旧民迁送故乡，既可使这些人民安居乐业，国家又可获木铁盐渔之利，我辽国就"可以坐制南邦，混一天下，成圣祖未竟之功，贻后世无疆之福。"既可完成前辈未竟大业，又可给后世子孙留下无限的幸福。耶律德光采纳了他的建议，于天显三年（公元928年）末，把东丹国的首都迁到辽阳城。天显五年（公元930年），耶律倍因感到与德光有隔阂，一直受其监视，怕日后生变，就从海上逃往后唐的首都洛阳。东丹国从此没有了国王，羽之实际上成了东丹国的最高统治者，此后一直执政八年多。因其功绩卓著，加封北中台省左大相。会同元年（公元938年）改辽阳城为东京，羽之任东京宰相，同年入朝，加授进衔（一品官）。直接参与辽王朝的军国大事。

会同四年（公元941年）八月十一日，耶律羽之病逝于辽上京（今内蒙古巴林左旗林东镇南波罗城），时年五十二岁。翌年（公元942年）三月六日厚葬于今内蒙古阿鲁科尔沁旗罕苏木苏木朝格图山南麓。因其生前功高望重，故辽王朝为其建造了富丽堂皇的陵墓。在相隔一千零五十年后的今天，其墓葬的神秘面纱被世人揭开，成为一九九二年全国十大考古新发现之一。

①耶律羽之的生年未见文献记载，本文中的出生年系根据出土墓志上注明的卒年、年龄依虚岁推算的。

②契丹灭渤海的时间《资治通鉴·后唐纪四》为天显元年七月，《辽史·太祖本纪》为二月，本文从《资治通鉴》说。

1993年5月9日《中国文物报》第三版刊登《耶律羽之考略》一文

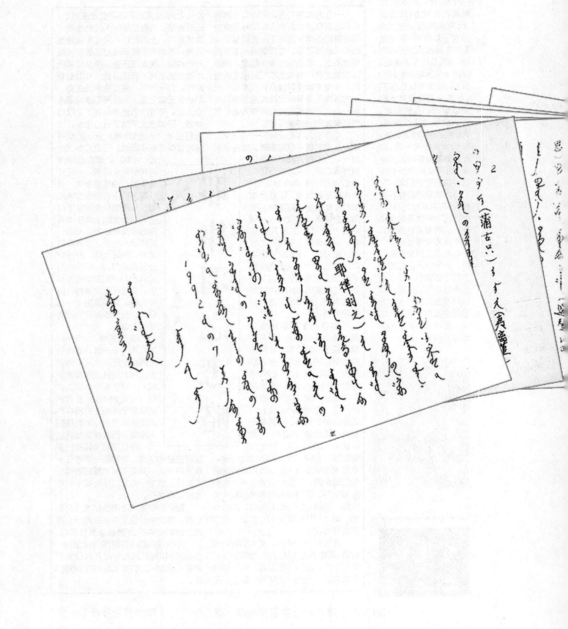

《耶律羽之考略》蒙文手译稿

每搏道忌隆上國體足

尸之暇留心佛法耽味儒書入齋寺別之

寒士天不造扮材朝雉正人國賴之

四年歲次辛丑八月十一日戊戌

公禮之也以壬寅年三月六日庚戌

驚昇天皇帝之甥之淑德偉芳

理雖獨處增別鶡之悲傷因

而不加醫藥漸至沉羸未祖因

拜於舊墊能女夫人二子早十

懷器能女夫人二人一

遷妙獻莫不振於

制御英莠芳一

乃登禮遺

趣谈辽墓考古

第二篇 逼出来的"考析"

一

如第一篇开头所说，之所以要做些研究、写篇短文，就是为了回答那无法摆脱的周围人的提问。按照这样的目标，经过一番折腾，写出了《耶律羽之考略》一文，在《阿鲁科尔沁报》蒙汉文版上发表，进而在赤峰市的报刊上登载，以为就算达到了目的、完成了任务，此事即告完结，可以到此为止了。

谁知，事情没有想象的那样简单。1993年5月9日，《中国文物报》在第三版显赫位置以标题和正文双加框的方式全文刊登了《耶律羽之考略》一文。《中国文物报》的这一动作使事情的发展发生了陡转。因为《中国文物报》是国家文物局主办的文物考古方面具有最高权威的报纸。它所刊登的文章，特别是关于文物考古重大事项方面的文章，在国内外具有定调、定性的效果。加之耶律羽之墓从被盗到进行抢救性发掘，工作一直处于进行之中，不管是考古界还是文化界，都没有在公开媒体上系统发表相关文章。《考略》一文的出现，是关于这个古墓、墓的主人情况比较完整的第一声音，是第一次有人就此事给国内外文博界一个较全面、确定性的回答。由于这些原因，文物报的文章引起了国内乃至境外考古界相关人士的高度关注，一时间，一些地方报刊纷纷转载或摘登，可谓一石激起千层浪。

1993年6月12日，《内蒙古日报》"草原春秋"专栏第450期的头条以《相隔1050年后的今天，那墓葬的神秘面纱被世人揭开——耶律羽之其人》为题，摘要转载了《中国文物报》的文章。该报载："1992年7月，我区阿鲁科尔沁旗罕苏木苏木古日班呼硕嘎查出土的辽代耶律羽之墓及其墓志，曾在考古界引起轰动，成为 1992 年全国十大考古新发现之一。拥有如此豪华墓葬的耶律羽之究竟是何许人也？考古工作者又为我们作出了考证。据《文物报》记载梁万龙撰文介绍……"可见此专栏编辑并不清楚我个人的职业身份，以为我肯定是个考古工作者。

类似此种情况那一段时间颇多，好多报刊通过转载摘编等形式，用一些长短不一的文字报道此事，传递这方面的信息。一些关心此事的人士也纷纷打电话询问，其影响已远远超出当初所设想的范围，此事欲了难了。

1993 年 6 月 12 日上午，《松州学刊》杂志副主编赵向阳先生突然来到我办公室，当他详细说明来意和要求后，我感到实在难以招架。

赵向阳说："《耶律羽之考略》一文发表以来，特别是《中国文物报》刊登以后，在学术界引起极大反响，产生了一定的轰动效应。现在市里正为 8 月份在赤峰召开的首届中国北方古代文化学术研讨会做准备，经专家建议、组委会决定，邀请你出席这次研讨会，并以专家身份向大会提交关于耶律羽之的研究论文，在大会上交流。"接着说出了论文的要求。

他说，这次学术研讨会层次很高，国内外专家云集，其中有相当一部分是国内外辽金史顶级专家，所以论文质量要高，要具有专家级的层次。

具体要求以《考略》为核心，但内容要扩充，要达到论文要求的字数，应在 5000 字以上。扩充的内容要扣住三个方面：第一，耶律羽之的家世，这方面要交代清楚；第二，耶律羽之本人的事迹，特别是根据墓志和辽史的记载要对耶律羽之的生平事迹、一生成就进行考证，作出交代；第三，对耶律羽之的家族情况、祖居地等问题做些研究，提出明确的见解。同时说重点要放到第三部分，并且注释、引文等都必须符合论文标准的规范要求，要提交中英文对照的论文大纲。

最后强调，这件事是会议组委会高层决定的，没有商量的余地，且时间紧、任务重、要求高，要求写出高质量的论文提交大会，为这次会议做贡献，为赤峰增光添彩。这一切都要在 7 月 20 日前完成。

听完这番话，我既感到非常突然，又感到力所不能及，恳切说明我无力完成这一任务，遂一再推托。我向赵向阳说，我市辽金史研究方面资深专家学者大有人在，可把这一题目交他们来写，论文质量肯定会更高，在会上交流效果会更好。但赵向阳说，耶律羽之研究的第一篇文章是我发表的，也得到学术界认可，这是大家都知道的，这个题目我具有独占权，提交这个内容的论文，当前非我莫属，并一再重申这是组委会会议上决定了的事。

看来已没商量，这篇命题作文非做不可了。

本来想写个短文将此事了结，没想到又招来是非，是逼你接着往下走，逼你写出你没有能力写的文章，真是"逼人太甚"啊！

二

赵向阳先生交代的任务、传递的信息，给我增加了莫大的压力。7 月 20 日的交卷期限，既明确又不容置疑，真是把我推到没有丝毫退路的境地，论文主题已被会议筹备机构确定，到时间交论文已是不容商量的事。

正如赵向阳所说，这次会议层次很高，是赤峰市酝酿多年想要举办的一场高端学术盛会。赤峰是辽王朝的故都，赤峰在辽代考古上的每一次发现都会引起世界辽代考古与辽史研究界的瞩目。而这次所邀参会专家都是北方古代文化研究方面的大家，尤其辽代考古方面的专家从层次到数量在这个学术研讨会上都占有绝对的优势，几乎国内外所有辽代考古大家都出席。如果能出席这样的高层会议，听听国内外著名专家学者的高论，开阔视野，拓展思路，增长知识，那是再好不过的送到家门口的机会，我真是愿意参加。但一想到要在会上发表论文，与专家们平等交流，实在胆子不壮、底气不足，真的怕出丑、怕演砸了。

　　为难归为难，到时出席会议提交论文这是更改不了的事了。赵向阳走后，我自己稳住情绪、镇定思索后认为，既无后路，只有前进，不管怎么难，也要写出来，质量不高就算向会上抛块砖，或许会起到引玉的作用。再说，咱本来就不够层次，是个不知名的业余考古新手，能把初作交给那么多老师，请他们评判，也是一次求师求教的机会嘛！但前提是必须尽最大努力把文章写出来，而且要尽量写好，代表赤峰水平。

　　随之而来的，仍是在工作之余舍弃其他事情，把已经准备搁置的事（业余考古）重新收拾起来。重新收集资料，重新研究墓志，再到墓地现场，再对古文字知识进行钻研。

　　除对《辽史》、《契丹国志》等重新阅读研究外，我还派工作人员到巴林左旗博物馆把《全辽文》全部复印回来，这类书当时在当地书店是买不到的。我还收集辽祖陵的有关石刻残片拓片，尽最大努力最大范围地收集已发表的有关辽代考古的论文。并用很大精力对羽之墓志中记述的史实与《辽史》的相关记述作对照考证，找出异同，辨其正误，尽量使其与历史事实相一致，还原那段一千多年前的历史。

　　1993 年 7 月下旬的一天，我和旗文管所工作人员带领乌兰牧骑演出队，再次来到耶律羽之家族墓地，为联合考古队伍进行慰问演出，实地考察考古发掘工作的最新进展。

　　7 月的科尔沁草原，到处山花烂漫，生机盎然。考古发掘现场却寂静无比，这里处在偏远的山林间，远离村庄集镇。搭帐篷居住很难躲避高温和风雨，为了避开中午的酷热，有的考古人员干脆就在清理完的古墓室里搭上床铺休息，真让常人难以想象。食物品种单一，很少有蔬菜和肉食，这次顺便也为他们带些蔬菜和肉食改善一下伙食。

　　乐器响起，舞蹈跳起，歌声嘹亮，哈达飘飘，打破了古墓发掘现场旷野的寂静，给这些长时间在这杳无人烟的环境里为考古工作默默奉献的人们送来了艺术的享受，使这些远离家乡、远离亲人的考古工作者得到暂时欢乐，赶走了一时的寂寞。

　　短暂的演出之后，即开始现场考察了解耶律羽之家族墓地清理发掘情况。考古工作人员先把我们带到高坡处指着朝格图山前一带介绍说，工作组进入工地后，对墓葬周围环境做了全面详细的调查。发现羽之墓所在的这个家族墓地外围沿着朝格图山东、北、西山脊围成一个很大的陵区，山脊低洼处都砌筑石墙。在谷口的南端有一低矮的小山包，类似椅子的脚踏。羽之墓南约 400 米处有两座土丘，土丘中散落着砖头瓦块，应为陵园正门遗址。羽之墓左后方 10 多米处有一高大土堆，早期盗墓者以为是一大墓，曾对其实施盗掘，留下一很深的盗洞，其实这应是享殿遗址。羽之家族 20 余座墓葬就分布在享殿前后和两侧，而且大部分墓葬上边都残存很高的享堂遗址，在地表上非常突出。可谓精心摆布，错落有致。在朝格图山的主峰上还发现了高约 2 米的圆形祭台，南侧有 11 级石砌台阶，拾级而上可直达祭台顶部，祭台周围散落着祭祀用的陶瓷祭器残片。在羽之墓地西面的山谷一带发现大片居住遗址，石砌的院墙基址、房屋基址清晰可见。考古专家认为，那可能是羽之家族墓地守陵人所居住的地方。纵观耶律羽之家族墓地选址、墓葬分布、祭祀场所、墓区守卫和维护情况，都体现出辽早期贵族墓葬群的非凡规格和宏伟气势。我随着考古人员不断变换的手指方向，极力聚合着自己的思路和想象力，尽量在头脑中勾画出带现场感的大致轮廓。

考古工作人员引领我们顺坡而下，并继续介绍说，在去年（1992年）对耶律羽之墓进行抢救性发掘之后，今年（1993 年）对整个羽之家族墓地进行抢救性发掘，取得了巨大突破。到现在已在该墓地范围内清理发掘了 7 座墓葬，这些墓葬里埋葬的都是耶律羽之的后代子孙。几座墓葬中，有数百件文物出土。我随考古发掘人员对已清理的墓葬逐一进入墓室查看，发现从远到近，随时代的不同，墓葬建筑形式也有明显变化。早期的多为青砖砌筑，主室多为方形。后期的有的砖石混砌，有的全为毛石砌成，主室有六边形的，还有近似圆形的。有一个大墓的墓道中间还有一个小墓，里面是一具儿童的骨骼。分析认为，墓道中间的小墓应当是大墓主人孩子的墓葬。据考古人员讲，这一家族墓地涉及的时代，几乎贯穿了有辽一代的始终。所看到的不同墓葬形制和丧葬方式，可以反映出这个家族在这一历史时段的兴盛与衰落的演化过程，也为我们研究辽代契丹族墓葬形制的演化提供了真实的物证。

继去年（1992年）清理羽之墓发现一方墓志外，今年（1993年）又出土三方墓志，其墓志文中对羽之家族史都有记述，尤其对耶律羽之三代子孙的家事生平记载较为详细，这为我们进一步深入了解墓地的内涵和划分墓葬的分期都提供了充分的依据。在墓葬里还发现了殉葬的大型木制双轮车，这在此前发现的辽墓里是从未有过的，是辽墓考古中的新发现，为研究契丹贵族的丧葬习俗提供了新的证据。

从羽之家族墓地的几个墓室里出来，我们一起登上朝格图山东坡。考古人员介绍说，最近，在朝格图山东坡，距羽之家族墓地约2公里远的地方，考古人员正对一座大型墓葬进行抢救性发掘，墓内出土一方契丹大字墓志，志文通篇有2800多字，字体工整秀美。经契丹字专家辨认分析得知，墓主人为耶律祺，为契丹皇族耶律氏后裔，曾经担任辽代两朝重臣，死后被追封为齐国公。墓志字数之多为辽代此类墓第一，其中有数百个契丹大字为第一次出现，这又丰富了古老的契丹文字。

1993年，是三级文博部门对耶律氏家族墓地的发掘投入人力、物力最多的一年，也是考古收获最丰硕的一年。众多考古工作者从一开春草原泛绿时就进入工地，一直工作到秋风扫落叶、草木枯黄时。接近初冬了，草原的天气已经很冷了，发掘量最大的一年的工作终于要结束了，考古工作者陆续撤出了工地。可就在工作结束时发生了一件不愉快的事情，使我多年不能忘记。

10月20日清理发掘工作结束，内蒙古考古研究所工作人员多数已返回呼和浩特。那天风又大天又冷，旗文管所工作人员下午返回旗里时天已经黑了，丛艳双所长到大门口去接他们，意外地发现耶律羽之墓室的彩绘石门被一辆车拉进院里，她愣了一下，忙问怎么回事。旗文管所回来的同志告诉她，内蒙古考古研究所个别工作人员既没向所领导请示，也没和工作组中旗文管所任何一个同志说明，就把彩绘石门装上车，让一位司机开车，要把石门拉到呼和浩特去。从所长立即感到这种做法不对，便马上找主管局长和主管旗长汇报。可当时正值秋季会战，领导都在乡下，她忙了一阵谁也没找到。就在丛艳双焦急万分的时候，恰好我下乡回来，正巧被丛艳双碰上。听了丛艳双的汇报后，我觉得此事办得不妥。耶律羽之墓发现在阿旗，清理发掘工作又是三级联合工作组共同做的，他一个人无权这样做。更重要的是，石门是整个古墓这个建筑物不可分割的组成部分，是不能拆卸的，它不是墓里清理出的随葬文物，可以带走。为保持古墓的完整性，彩绘石门不能让他拉走，一定要留在阿旗，留在古墓里。这将对大契丹皇族、贵族墓的保护、研究、开发利用具有重要意义。虽然不分管文化工作，但在这着急找不到分管领导的时候，我遇上了就不能推，就得管。我当即决定彩绘石门不能拉走，先就地卸下，并尽快送回古墓里。可丛艳双所长向我提出：第一，必须由我亲自向内蒙古考古研究所人员（那位司机）表明态度，并做他的工作。第二，文管所没有车，往古墓送，路又远又不好走，要我给安排车辆。第三，十几米的墓道已全部回填压实，再重新打开需要很多人力和经费，要我给安排。只有我把这三项都安排好，他们才好去落实。所以我只好一边与内蒙古考古研究所的司机师傅作解释说明，请他积极配合卸车，并妥善安排他的食宿，一边给旗文管所安排一辆大的运输车，又特事特办地安排了些劳务经费。第二天一早就责成旗文管所金钢、白音查干两名工作人员带车把彩绘石门送回耶律羽之墓地。他们从墓地回来向我汇报说，他们雇了十几个民工，用了五天时间，把墓道打开，把石门放进墓室，又进行了回填封堵。我这心里一块石头才算落了地。虽然内蒙古考古研究所个别人员不满意，甚至还在一定范围造成了好长时间的误解，但总算保持了耶律羽之这座古墓的完整性。

　　两年来的考古重大发现，证明历史上契丹人曾经在这里长时间居住生活，他们在这里纵马驰骋，叱咤风云，创造过两个多世纪的辉煌，他们当时演出的一幕幕生动的历史活剧，为这块厚重的土地积淀了丰厚的古代文明遗产。要再现那段辉煌的历史，确实需要我们下大力气挖掘、研究。

三

在进一步收集整理资料，再赴耶律羽之家族墓地发掘现场实地考察之后，我觉得比写《耶律羽之考略》时的思路开阔了许多。特别是近两年（1992—1993 年）朝格图山附近的辽代墓葬的众多发现，使我的眼界由写《考略》时重点研究一个人，扩展到探讨研究耶律羽之的家族乃至契丹民族的来源及其相关问题。

按照新的思路、带着新的问题，我对出土的羽之墓志、对记载辽代历史的相关文献进行了重新研究，在一些方面作了新的探索，取得了一些新的收获。

第一，关于耶律羽之家世。

耶律羽之（公元 890—941 年），小字兀里，字寅底哂，契丹迭剌部人，为六院部蒲古只夷离堇之后。墓志载"公讳羽之，姓耶律氏。其先宗兮佶首，派出石槐。历汉魏隋唐已来，世为君长"。该家族后来成了产生辽王朝九位皇帝的皇族。

其曾祖父勤德，迭列夷离堇，北大王，也是辽代开国皇帝耶律阿保机的曾祖父。羽之的祖父为曷鲁，匣麦夷离堇，是辽太祖阿保机的祖父玄祖简献皇帝匀德实的亲哥哥。父沤思，遥辇氏可汗时为迭剌部夷离堇。其母邈屈耐奇，乃相门之女。

据羽之墓志记载，羽之兄弟六人，羽之行四，老三、老五、老六都夭亡早逝。史籍可考的只有他大哥、二哥和羽之三人。

大哥耶律曷鲁，字控温，一字洪隐，他是与阿保机同年出生的堂叔伯兄弟。曷鲁自幼性情质朴宽厚，为人豁达。是阿保机儿时最要好的伙伴，两人经常一起玩耍，互换衣穿，互换马骑，相互嬉戏，不分你我。渐次长大后，两人又有共同的远大志向，经常习武布阵、骑射狩猎，练就了超强的武艺，锤炼出英雄气质。所以《辽史》记载其"从父释鲁奇之曰：'兴我家者，必二儿也。'"长大成人之后，曷鲁成了最受阿保机信任的谋士重臣。在阿保机创立帝业过程中他起了极其重要的作用。《辽史》载："太祖素有大志，而知曷鲁贤，军国事非曷鲁议不行。"意思是说阿保机不但自己生来就有成就帝业的宏图大志，而且知人善任，尤其深知曷鲁拥有的贤才大略，对其高度信任，凡军队和国家的重大事情，都要先与曷鲁商议。在没和曷鲁达成一致意见前，不决定，不行动。他对曷鲁的信任和重用，更激发了曷鲁的勤勉敬业和对其的效忠。在曷鲁的忠心辅佐和积极劝进下，阿保机终成帝业，于公元 907 年担任契丹最高首领，公元 916 年正式登上皇帝之位，成为辽国的开国皇帝。阿保机称帝后，即"命曷鲁总军国事"，耶律曷鲁成了一人之下万人之上的重臣。

二哥耶律觌烈，字兀里轸。与长兄曷鲁不同，他性格以谨慎、沉稳、宽恕见长。阿保机称帝后曷鲁主管宿卫事时，"觌烈入侍帷幄，与闻政事"。神册三年（公元 918 年），47 岁的曷鲁病死，阿保机遂即任命觌烈继任迭剌部夷离堇，"属以南方事"。在任上，觌烈在辽初征讨党项、平伐渤海、守卫扶余城等重大战事中都发挥了重要作用。后来留守南京，任东丹国大内相。天显十年（公元 935 年）病逝，享年 56 岁。

羽之还另有姐妹六人，都许配高门望族之家。

可见羽之家世显赫，甚为尊贵。阿保机做皇帝，羽之弟兄为其擎着半壁江山。

第二，耶律羽之其人其事。

墓志中对耶律羽之本人的学识才干和一生政绩作了较充分的记述，这和《辽史》羽之传中的记载基本是一致的。对羽之本人的评价，不管在学识和品德方面，还是在才干与业绩方面都充满着赞美褒奖之辞。

在学识和品德方面，记述他自幼就出类拔萃，与众不同。从小酷爱学习且兴趣广泛，知识渊博且造诣深厚。他熟悉多种部族语言，能与同居北方草原上的不同部落的人无障碍交流。他记忆力惊人，知识面很广。墓志中说他"幼勤事业，长负才能，儒释庄老之文尽穷旨趣，书算射御之艺无不该通"，"事有寓目历耳者终身不忘，言有可记堪录者一览无遗。博辩洽闻，光前绝后"。他能把佛学、儒学、道学的理论知识尽情吸纳，综合研究，融会贯通，使儒、释、道这些中外文化精华在他头脑里有机融合，并能在实践中得心应手地运用。特别是进入晚年阶段，他集中精力投入对佛学和儒学的研究，达到了如饥似渴的程度。墓志文中记载他"於辅政之余，养民之暇，留心佛法，耽味儒书。入萧寺则荡涤六尘，退庙堂则讨论五典"，"归敬释门，遵行孔矩"。说他既是个虔诚的佛教徒，又是一个严格遵从孔学礼矩的儒家弟子。他在思维方式和处事方式上，把佛学和儒学融合在一起，用两者规范自己的言行，锤炼自己的道德情操，对两者的信奉和钻研都达到了如痴如醉、炉火纯青的程度。由此造就了他非同寻常的品格情操。从这些记载中，我们看到辽早期上层社会主流的价值取向和宗教信仰，是中西文化、契丹文化与中原汉文化相互吸纳包容、有机融合在一起的。在思想意识和社会文化方面，既是混合多元的，又是相互独立、有所侧重、重点推崇的。

在才干与业绩方面，说他思维敏捷，聪明过人，文武兼备，很早就得到阿保机的特别赏识。阿保机在建国之初，就经常让他一起参与军国大事的谋划，给了他初露锋芒、展示才华的机会，使得他功勋卓著。

梳理墓志文和辽史有关内容，重点记载了他的四件大事：

第一件，末班主政，实握权柄。辽天显元年（公元 926 年）七月，阿保机灭渤海国后，在渤海国原来的地域范围建立东丹国（意为东方之契丹），作为契丹国的附属国。把他的大儿子，已立为太子的耶律倍封为东丹国主，即人皇王。原渤海国设有左右大相和左右次相共四人，左大相品级最高、权力最大，右大相次之，左次相再次，右次相更次之。仿照渤海国旧的管理体制，东丹国设立中台省，中台省设左右大相和左右次相四位辅政大臣。左大相，是渤海国行政最高官员，是辅佐皇帝的最主要朝臣，相当于中原朝廷的丞相、宰辅。东丹国初任四大辅臣，以皇弟迭剌为左大相，渤海老相（姓名待考）为右大相，渤海司徒大素贤为左次相，耶律羽之为右次相，在四位相中名列最后一位。我们来看看这个辅政班子四个人的情况：左大相迭剌虽贵为皇弟，可他是"诸弟之乱"的首恶人物之一，在征渤海国时是属于戴罪出征。让他出任左大相，只是为了显示皇帝大义宽容、重视骨肉亲情，有象征性摆设的意思，阿保机给他的权限是极其有限的。渤海老相与司徒大素贤二人都为降臣，让他俩担任右大相、左次相不过是为了起到安慰渤海遗老、稳定人心的作用，不会让他们有任何实权。这三位大相和次相不会也不敢去争权。所以，主事的担子就历史性地落在了右次相耶律羽之的头上，志文中说他"虽居四辅之末班，独承一人之顾命"，虽然在四位辅政大臣中他排名最后，但他却是接受阿保机临终遗命、最受阿保机信任的人。他是四大辅臣中最有地位的人，是东丹国建国初期的实权人物。

第二件事，讨伐叛逆，招抚边城。东丹国建国之初，局势很不稳定，人心不安，边疆不宁。内部渤海人屡起乱事，周边各地频繁侵扰。耶律羽之多次奉命，率兵出征讨伐，消除叛逆，抚慰边民，使一些初期尚未完全控制的边缘地区逐步纳入东丹国的统一管理。招讨扶边工作取得了节节胜利，实现了边疆稳定，得到了皇帝的肯定，赢得了百姓之心。耶律羽之很快被加封太尉，进而又被加封太傅，并兼管在当时属经济支柱的盐铁之政。接着又加封为东平郡（今辽宁省辽阳市）开国公。天显二年（公元 927 年）就迁升为左大相，相当于内阁首相，名正言顺地主持内阁工作。

第三件事，上表陈奏，效盘庚迁都。契丹天显四年（公元 929 年），辽太宗耶律德光继位已经三年。耶律倍对耶律羽之说，他想仿效盘庚迁都之法，把东丹国都从天福城（即原渤海国忽汗城，今黑龙江省宁安县南）迁到梁水（即太子河，指辽阳故城，今辽阳一带）。契丹神册三年（公元 919 年）已修茸辽阳故城建立了东平郡。耶律倍授意耶律羽之向皇帝上奏本章，建议迁都之事。耶律羽之按照耶律倍的意见，很快向德光皇帝递奏本章。墓志文中记载羽之在奏章中建议："辽地形便，可建邦家於是。"说辽阳一带，交通便利，地理位置优越，可把东丹国都迁建到那里。《辽史·卷七十五·列传第五·羽之》中记载，羽之在奏章中说，渤海国的旧民"遗种浸以蕃息，今居远境，恐为后患。

梁水之地乃其故乡，地衍土沃，有木铁盐鱼之利。乘其微，徙还其民，万世长策也。彼得故乡，又获木铁盐鱼之饶，必安居乐业。然后选徒以翼吾左，突厥、党项、室韦夹辅吾右，可以坐制南邦、混一天下，成圣祖未集之功，贻后世无疆之福"。羽之的奏章，正合耶律德光之意，太宗皇帝心中大喜，完全采纳，很快下诏，决定把东丹国都迁到梁水。太宗皇帝这一决策，受到当时朝野上下的一致赞同。为把迁都这件大事办好，太宗皇帝及人皇王耶律倍共同决定交由耶律羽之主持实施。羽之深深理解朝廷对自己的信任和重托，也深感责任重大，不敢掉以轻心，不敢有丝毫懈怠。墓志文中说："公夙夜勤恪，退食在公。民既乐于子来，国亦期年成矣"。说他不分白天黑夜地为迁都大事奔波操劳，并为此节衣缩食，既保证迁都计划按时完成，又千方百计节省开支。羽之的敬业精神、为国为民的真心感动了民众，他的指挥调度得到东丹国民的拥护与支持，人们把服从国家安排支持移民迁都，当成自己家的事那样积极热心。有力的运作、民众的支持，使移民迁都工作进展顺利。只用一年时间，东丹国的国都就从忽汗城迁到了梁水。遂把东平郡升为南京，使南京成为辽国继上京后建成的又一重要陪都。这次迁都成功，既把人皇王效盘庚迁都的理想很快变为现实，也为后来辽国实行五京制治理格局奠定了基础。会同元年（公元938年）改南京为东京，设辽阳府。

东丹国迁都辽阳这件事在《辽史·卷三·本纪第三·太宗上》中有记载，但时间是天显三年（公元928年）十二月。把墓志和《辽史》记载结合起来分析，事实应该是天显三年（公元928年）十二月即年底前决策，天显四年（公元929年）实施，就是墓志中说的用一年时间就完成了迁都计划。

第四件事，耶律倍奔唐，耶律羽之单独主政东丹八年多。耶律倍虽已被阿保机立为太子，明确了王储的地位，是阿保机公开确定了的皇帝接班人。但天显元年（公元926年）七月阿保机病逝后，述律后临朝称制，摄军国事，她想改变阿保机关于皇帝继承人的既定决策。从家庭角度讲，对老大、老二两个儿子父亲的喜好与母亲的喜好是不一致的。父亲（耶律阿保机）喜欢大儿子耶律倍，母亲（述律皇后）喜欢二儿子耶律德光。阿保机死了，但在死之前已把大儿子耶律倍明确立为太子，国人皆知。而这回父亲撒手人寰了，母亲是说了算的人物，她不想让大儿子耶律倍当皇帝，想让二儿子耶律德光继帝位。但废立之事怎么说，述律后还真动了脑筋，耍了些手段。

《契丹国志》卷二和卷十四两处有完全一致的明确记载：在阿保机死后的一天，述律后把文武百官都召集到上京西楼前，让耶律倍和耶律德光骑马并列站在百官前面。述律后说："太祖驾崩了，国不可一日无主，必须确定一个人继承皇位。这两个人都是我生的儿子，我都一样喜欢他们，立谁当皇帝我拿不定主意，不知立谁为好，现在请各位大臣来帮助选择，你们认为谁可立为皇帝，就去牵谁的马缰绳。"诸位大臣对述律后的心思都心知肚明，于是个个踊跃争先拉住耶律德光的马缰绳，高呼："愿事元帅太子（耶律德光）。"述律后装腔作势地说："既然你们众人的意见是立元帅太子（耶律德光）为皇帝，我个人怎么敢违抗呢？就按大家的意见办吧。"遂把耶律德光确定为皇位继承人，称为天皇王。

于是，本来不是太子的阿保机的次子耶律德光继承了皇位，登上了皇帝的宝座，是为辽太宗。太宗继位后，耶律倍仍被派回东丹国主政。到手的皇位被人夺走的耶律倍，心里又是窝囊又是气，回到东丹国后，虽表面拥护朝廷，臣服于耶律德光，但内心却耿耿于怀，愤愤不平。不但无心理政，还时时为自己的安危担惊受怕。而已经掌握皇权的耶律德光对耶律倍始终存有戒心，一直派人暗中监视耶律倍的活动，防备他随时可能谋反。

这样的日子过了五年，到了天显四年（公元930年）耶律倍终于忍不住了，他担心灾祸随时可能降临到自己头上，认为必须尽快逃离大契丹国。此时唐明宗已得知耶律倍的处境与心理，遂几次派人劝召耶律倍奔唐。耶律倍在多次犹豫后终于决定投奔他国。他对左右说："我以天下让主上，今反见疑；不如适他国，以成吴太伯之名。"意思是说，我让了皇位也受怀疑，万般无奈，只好效仿周代部落首领古公亶父的长子吴太伯，他当年为避皇权之争三让天下，出逃至荆蛮，建立国家号勾吴，成为周代诸侯国吴国第一代君主。吴太伯因此成名，成了孔子最敬重的人。耶律倍遂立木海上，刻了四句诗："小山压大山，大山全无力。羞见故乡人，从此投外国。"于是带着高美人及身边亲信，偷偷地从渤海出逃，奔向后唐首都洛阳。

人皇王耶律倍浮海奔唐后，契丹朝廷没有再为东丹国立国主。时任左大相的耶律羽之成了东丹国实际的最高统治者。在没有国主的情况下，耶律羽之此后一直执政八年多，直到会同元年（公元938年）奉诏入朝。《辽史》羽之传中记载："人皇王奔唐，羽之镇抚国人，一切如故。以功加守太傅，迁中台省左相。"说他治理国家、安抚管理人民与以前一样，充分肯定了他的卓越才能和勤勉为国为民的精神。

《辽史》这段记载对耶律羽之加封太傅和迁升左大相的时间说得比较含混。按字面分析，好像是在耶律倍奔唐以后，因耶律羽之独自治理东丹国有功，才加封太傅和迁升左大相的。而墓志文中记载，耶律羽之在天显二年（公元927年）就迁升左大相，且在迁升左大相之前就已经加封太傅了。

在本书写作过程中，得到一则未经核实的消息：有人发现一枚从某文物市场流入民间收藏家手里的东丹国螭龙钮玉心金印，印面边栏内匀镌四个阳文契丹小字，经契丹字专家辨认这四个契丹小字汉意为"主事大相"。什么叫"主事大相"？即是说东丹国"主要管事的"、"主持一切事务的"、"掌握着实际权力"的"大相"。有关人士认为这枚螭龙钮玉心金印的主人——"主事大相"，应该就是耶律羽之。此物应是人皇王奔唐后，耶律羽之主政东丹期间所用的官制大印。此印应为耶律羽之墓中殉葬之物，可能是该墓被盗后，破案追缴中的漏网之鱼。

会同元年（公元938年）羽之奉诏入朝，回到上京（今内蒙古巴林左旗林东镇南），进入契丹王朝的最高统治集团。会同四年（公元941年）八月十一日，病逝于辽上京，时年52岁。德光皇帝"哀诏爱下有司备仪送终之礼"，谥号"文惠公"。第二年（公元942年）三月六日，按照落叶归根的习俗，其遗体被送回他的老家——今内蒙古阿鲁科尔沁旗罕苏木苏木古日班呼硕嘎查，葬于"裂峰之阳"，即朝格图山南侧，并刻石刊铭，记其功绩，昭示后人。

墓志记载羽之大夫人生子十人，其他夫人生子四人。长子名叫佛奴，幼年夭亡，其余的儿子都贤孝多才。其中一个儿子名叫耶律和里，在东京为官，最高职务为东京留守。羽之有女儿四人，两个幼年死亡，另两个在耶律羽之死去时尚年幼。

还要提及的是墓志铭文中记载的一件事："天显十三年戊戌岁，嗣圣皇帝受大晋之册礼也，即表公通敏博达启运功臣，加特进阶，上柱国，食邑二千五百户。"这里说的耶律德光在接受大晋册礼仪式上为羽之加官进爵之事与《辽史》的记载完全一致。

《辽史·卷四·本纪第四·太宗下》记载：会同元年"九月庚戌，黑车子室韦贡名马。边臣奏晋遣守司空冯道、左散骑常侍韦勋来上皇太后尊号，左仆射刘昫、右谏议大夫卢重上皇帝尊号，遂遣监军寅你已充接伴。壬子，诏群臣及高年，凡授大臣爵秩，皆赐锦袍、金带、白马、金饰鞍勒，著于令。

冬十月甲戌朔，遣郎君迪里姑等抚问晋使。壬寅，晋遣使来谢册礼。是日，复有使进独峰驼及名马。

十一月甲辰朔，命南北宰相及夷离堇就馆赐晋使冯道以下宴。丙午，上御开皇殿，召见晋使。壬子，皇太后御开皇殿，冯道、韦勋册上尊号曰广德至仁昭烈崇简应天皇太后。甲子，行再生柴册礼。丙寅，皇帝御宣政殿，刘昫、卢重册上尊号曰睿文神武法天启运明德章信至道广敬昭孝嗣圣皇帝。大赦、改元会同……"。

墓志中记载的与《辽史》中这里记载的是同一重大事件，唯一不同的是年号。墓志中记的是天显十三年，《辽史》中记载的是会同元年。通过查对辽史纪年可知，这年十一月耶律德光把年号由天显改为会同。这样在同一年里就有两个不同的年号，十一月改元前为天显十三年，十一月改元后为会同元年，其实天显十三年和会同元年是同一年。墓志和《辽史》各用了不同的年号，实际是发生在同一年的事情。从中可以看出墓志对这一重大历史事件的记录与《辽史》的记载是完全一致的，由此可起到证史的作用。

第三，关于耶律族氏渊源及祖居地的探讨。

耶律羽之墓志的出土和墓志文中记载的一些重要事件，为证史、补史、创史，为研究契丹早期社会诸多问题提供了极其珍贵的资料。在耶律羽之墓地现场考察看见，该墓葬群有墓葬数十座，规模宏大，排列有序。这些墓葬里埋葬的都是何人之尸骨？他们为什么和耶律羽之埋在一处？耶律羽之死在上京，为什么还要翻山越岭远运尸体，葬在"裂峰之阳"呢？

带着这些疑问，根据现有的文献资料和出土文物资料，笔者对耶律氏的族源、耶律氏的祖居地或发源地进行了大胆的探讨，提出了一些见解，尽管是管中窥豹，可也是发一家之言。

一是关于契丹族的族源问题。

耶律羽之墓志铭文明确记载："公讳羽之，姓耶律氏。其先宗兮佶首，沠出石槐。历汉魏隋唐以来，世为君长。"

对墓志铭文辨字时，有两个字不尽统一。一是"其先宗兮佶首"的"兮"字，二是"沠出石槐"的"沠"字，对这两个字的辨认及我主张的读法，将在第三篇中详细分析叙述。

现在把墓志这一记载与《辽史》相关记载对照一下：

《辽史·本纪第二·太祖下》赞曰："辽之先，出自炎帝，世为审吉国，其可知者盖自奇首云。"

《辽史·卷三十二·营卫志（中）》："契丹之先，曰奇首可汗，生八子。其后族属渐盛，分为八部，居松漠之间。"

将墓志铭文与《辽史》相对照可以看出，墓志中的"先宗佶首"，就是辽史中的奇首可汗。"佶首"和"奇首"是同一人名的两种写法。它证实了羽之墓志与《辽史》在这个问题上记载的一致性。

再看其对族氏渊源的记述。《辽史》中说"出自炎帝"，而墓志中记载"沠"出石槐，表明契丹族是鲜卑檀石槐的后人。而鲜卑则是源于东胡系，东胡的上源可追溯至炎帝。

檀石槐是东汉桓帝时（公元 2 世纪中叶）鲜卑族中的著名首领，他建立起了一个强大的军事部落大联盟。东汉灵帝光和四年（公元 181 年）檀石槐死后，他的儿子和连继承了他的联盟首领地位。但未能服众，部众纷纷叛离，联盟开始分裂。不久和连在叛乱战斗中中箭身死，部落联盟宣告彻底分裂。原来部落联盟的一部分，即漠南自云中（今内蒙古托克托县）以东地区分裂后形成三个集团，其中之一是檀石槐后裔组成的步度根集团。后经几次分裂瓦解，东部鲜卑中先后兴起了宇文部、段部、慕容部三个部落，后来在这三个部落里产生了契丹族。

早期的契丹部落、库莫奚部落与宇文部一起游牧，属异族同处。东晋康帝建元二年（公元 344 年）前燕主慕容皝攻破宇文部，宇文部自此散灭，契丹与库莫奚被击溃从鲜卑中分离出来。

北魏建国之后，道武帝登国三年（公元 388 年）北征库莫奚，库莫奚被道武帝拓跋珪打败，契丹从此与之"分背"，单独游牧于今西拉木伦河、老哈河一带，自号契丹。

耶律羽之墓志记载的"派出石槐"进一步印证了契丹族确为鲜卑族的后裔，同时证明耶律家族的契丹人不仅是鲜卑人演变成契丹人的一部分，而且他们自称是檀石槐的后世传人。

二是关于耶律氏的祖居地及阿保机的出生地问题。

《辽史·卷一·本纪第一·太祖上》："太祖大圣大明神烈天皇帝，姓耶律氏，讳亿，字阿保机，小字啜里只，契丹迭剌部霞濑益石烈乡耶律弥里人。"

《契丹国志·族姓原始》中说："契丹部族，本无姓氏，惟各以所居地名呼之，婚嫁不拘地理。至阿保机变家为国之后，始以王族号为'横账'，仍以所居之地名曰世里著姓。世里者，上京东二百里地名也，今有世里没里，以汉语译之，谓之耶律氏。"

按照文献记载的方位、距离推断，耶律氏的祖居地和阿保机的出生地距上京东二百里应在今内蒙古阿鲁科尔沁旗东部海哈尔河流域一带。

近年来耶律羽之墓及其一系列考古发现也为这一观点提供了支撑。

1975 年，在内蒙古阿鲁科尔沁旗坤都镇沙日温都嘎查发现《北大王墓志》（耶律万辛墓志），墓志上记载耶律万辛"重熙十年二月十五日夜疾薨于上京南之私地，年六十九……，以其年十月八日葬于旧郡之丁地"。这十分明白地指出埋葬他的地方是他的"旧郡"中处于"丁地"的位置，毫无疑问是他的原籍，是他的出生地。而这个"旧郡之丁地"的位置与耶律羽之墓地距离不远。

1991 年，在内蒙古阿鲁科尔沁旗扎嘎斯台苏木图古日根塔拉嘎查发现一座辽代墓葬。因未发现文字资料，墓主人身份无法确定。但从其安葬的规格之高、殉葬品之贵重可推断墓主人身份非同寻常。尸体头戴鎏金铜冠，面带鎏金铜面具，身着铜丝网络。墓葬内出土大量金、银、铜、瓷器殉葬品。遗憾的是这一位出身高贵的墓主无从考证，只能是个无名氏。但其墓葬的位置与《契丹国志》中的"世里没里"距上京东二百里颇为吻合，有理由推断这位神秘死者可能也是回旧郡安葬的耶律家族中的重要成员。

1992 年发现并进行抢救性清理的耶律羽之墓所在的墓群有墓葬 20 多座，一律在朝格图山向阳坡地上有序排列。经 1993 年的清理发掘，发现这个墓葬群是耶律氏的家族墓地。

同时，在距耶律羽之墓几公里的东西山坡上各有一片规模较大的墓葬群。其中东面的墓葬群比耶律羽之墓所处的墓葬群规模还大。这很可能是耶律氏中与羽之家族血缘关系较近的另一较大分支家族的墓地。笔者曾大胆设想，说不定阿保机的先辈也埋葬在这里。

考古学的实践告诉我们，有古墓葬的地方，历史上就曾经是人类聚居区。换言之，墓葬附近必定是墓主人生前居住生活的地方，或是墓主人的出生地，是游离他乡的亡者落叶所归的"根"之所在。他们或曾金戈铁马，驰骋南北，纵横东西；或曾称帝拜相，指点江山，主掌乾坤，不管多么威武雄壮，多么灿烂辉煌，作为人的个体或一个群体，最终都会凝固定格在某一刻，以另一种形式回归到"旧郡"，长眠于其曾经熟悉和眷恋的故乡地下。

把文献记载和考古发现综合起来分析，可以得出这样的结论：耶律氏的祖居地和耶律阿保机的出生地——世里没里的具体位置应在今内蒙古自治区阿鲁科尔沁旗东部海哈尔河流域一带。当然，作为一个古老的游牧民族，由生产方式和生活方式所决定，他们的祖居地或出生地和他们的活动空间不会是一个狭隘的、具体的村落或点，而应是一个具有一定范围的、相对稳定的活动区域，所以笔者说应为海哈尔河流域一带。

同理推断可得出结论：祖州是埋葬辽太祖阿保机之祖陵的奉陵邑，不是耶律氏的发祥地和阿保机的出生地。《辽史·卷二·本纪第二·太祖下》：天显"二年八月丁酉，葬太祖皇帝于祖陵，置祖州天城军节度使以奉陵寝"。

《辽史·卷三十七·地理志一》中记载：祖州"本辽右八部世没里地。太祖秋猎多于此，始置西楼。后因建城，号祖州。以高祖昭烈皇帝、曾祖庄敬皇帝、祖考简献皇帝、皇考宣简皇帝所生之地，故名"。这一说法一是与《契丹国志》关于世里没里在上京东二百里相矛盾，二是与祖州因奉陵而建邑也有冲突。同时纵观近半个世纪以来的考古发现，迄今为止，还没有见到关于在祖州范围内发现阿保机上几代人墓葬的报道，似乎与阿保机平辈人的墓葬也没发现。

耶律氏的发祥地及阿保机的出生地，即《辽史》中说的"迭剌部霞濑益石烈乡耶律弥里"和《契丹国志》说的"世里没里"在上京东二百里的文献记载与考古发现结合讨论，笔者在1993年在赤峰召开的首届中国北方古代文化国际学术研讨会上，就提出耶律阿保机的出生地——世里没里的具体位置，应在今内蒙古自治区阿鲁科尔沁旗东部海哈尔河流域一带的观点，当时和者盖寡。20多年过去了，这个观点已逐步被一些学者所接受。现在打开百度网，搜索"耶律弥里"或"耶律阿保机"词条时，在他的生平介绍里对他的出生地点"耶律弥里"多注为"今内蒙古阿鲁科尔沁旗东"。

说耶律氏的祖居地、阿保机的出生地在今阿鲁科尔沁旗境内，丝毫不会影响祖州的政治地位。上京是辽国的皇都，是辽国第一京，是辽国政治、经济、文化的中心。祖州是辽代开国皇帝阿保机的陵墓所在地，是上京大遗址的一部分。在辽代，现分别为阿鲁科尔沁旗、巴林左旗、巴林右旗的范围都属上京道,今都隶属内蒙古赤峰市管辖。从阿保机的出生地世里没里,到变家为国定都上京,再到病亡扶余,直至安葬祖陵,这一辽国开国皇帝的人生轨迹,足以证明赤峰市阿鲁科尔沁旗、巴林左旗是真正的契丹祖源,是辽国 200 余年历史的起源圣地。

通过这样艰苦的考察、研究,我对墓志记载的史实及《辽史》、《契丹国志》对相关历史事件的相关记载有了一个渐渐清晰的印象,对提交论文有了信心。

经过归纳整理分析,终于写出了论文初稿。几经修改,最终以《耶律羽之及其族氏考析》为题,将论文提交大会组委会。

四

1993 年 8 月 12 日至 24 日,由赤峰红山文化学会、赤峰辽金元史学会组织的"中国北方古代文化国际学术研讨会"在赤峰召开,这次会议的主题是"中国北方文化之源——赤峰"。来自美国、日本、德国、英国、港台地区和中国大陆等 11 个国家和地区的近百名专家学者齐聚塞外名城赤峰,就中国北方古代文化问题进行了深入广泛的研讨交流。与会专家学者还实地参观考察了赤峰地区和辽宁西部有关红山诸文化、夏家店下层文化、夏家店上层文化、契丹辽文化的大量文物和遗址遗迹。会议共收到论文 61 篇,内容涉及红山诸文化、夏家店下层文化、夏家店上层文化、契丹辽文化在中华文明、国家起源与发展中的作用与地位问题,中国北方文化与中原文化及境外文化的交流与传播问题,中国北方文化在各个发展阶段中发展面貌、文化成果、社会性质问题等诸多方面。我的论文是这次收到的 61 篇论文之一。我个人应组委会的邀请以学者身份出席了本次研讨会。

会议报到的当天晚上还发生了一个很有趣的故事。

20 多年前,赤峰的交通条件还没有现在这样好,北京到赤峰的航班每天只有一班,飞机也没现在这样大,火车的卧铺票更是一票难求,很难满足旅客的需要。尤其是一有大型会议，大进大出非常困难。来自国内外的学者，有的到北京转机来赤峰买不到票，还要绕到呼和浩特再飞赤峰。所以人员报到的时间很不集中，有一些晚饭后才能赶到赤峰。

我被安排和某省的一位老学者在一个房间住宿。这位老学者晚上很晚了才来到，进入房间，洗漱一下，就上床休息了。躺在床上关了灯两人开始说话了，当他问清我是赤峰本地人时，就向我了解一些当地情况，我都一一向他作了介绍。因这位老先生是第一次来赤峰，对我回答的问题都听得很认真。三句话不离本行，自然而然话题就引到了这次会议上，谈到赤峰的历史文化积淀和近年来的考古成就，说到了被评为1992年全国十大考古新发现的耶律羽之墓。老先生因为是搞辽金元文化研究的，说到这个题目便来了兴致，顿觉倦意全消，好像把一天的旅途劳累都忘了。我说："您老对辽文化研究很深，我们有幸住到一个房间，利用这个方便条件，拜您为师，向您学习，请多多指教。"他说："我们互相交流嘛。"我又说："虽然耶律羽之墓发现在赤峰，但我们对它的研究还是很肤浅的，应该说是刚刚开始。"老先生很认真地说："关于耶律羽之考证方面专有一篇权威性的文章，不知你看没看到？"他思索一下说："这篇文章题目叫《耶律羽之考略》，发表在今年5月的《中国文物报》上，你可以看一看。"我稍迟疑了一下，轻声说："那篇文章是我写的。"老先生突然把灯打开，一下坐起来，我也马上坐起来，老先生直勾勾地看着我，半天才笑着说："幸会，幸会，真不知道那篇文章是你写的，它就在我的文件包里，没想到我和这篇文章的作者住到一起了。你写得很好。"复又躺下，老先生幽默地说这叫"远见其文，卧见其人"。后来几天熟了，免不了小有玩笑，我俩把这叫初次见面的"卧谈惊诧"事件。

1993年8月12日上午大会在赤峰红山宾馆隆重开幕。全国政协常委，赤峰红山文化学会、辽金元史学会理事长苏赫先生主持并致开幕词。赤峰市委宣传部副部长于建设同志逐一介绍到会的中外学者。赤峰市人民政府代市长许久勋向大会致辞。赤峰师专教授田广林宣读贺信、贺电。中共中央宣传部副部长、赤峰红山文化学会顾问刘云山发来贺电。中国考古学会理事长、赤峰红山文化学会顾问、著名考古学家苏秉琦教授为大会发来贺词。内蒙古党委宣传部发来贺电。内蒙古大学教授、著名历史学家林干发来贺词。红山区委书记张全栋、区长黄凌云为大会献贺礼。开幕式上，国家文物局的代表财务司司长叶春先生，自治区文化厅副厅长赵芳志女士，中国考古学会常务理事、北京大学教授严文明先生，日本学者长田夏树先生，台北国立工业大学教授赵振绩先生，中国考古研究院教授刘观民先生，辽宁省文化厅副厅长郭大顺先生，中国辽金契丹女真史研究会理事长朱子方先生，内蒙古大学教授陈乃雄先生等 9 人先后致辞。

刘云山同志在贺电中说："中国北方古代文化是中华民族传统文化的有机组成部分。此次国际学术研讨会的召开，必将推动中国北方古代文化的研究，丰富中华民族优秀文化遗产，同时向世界展示中华民族优秀传统文化的渊源和广博。""赤峰是中国古代文化的发源地之一，在建设社会主义市场经济体制的新形势下，赤峰召开这次研讨会，必将对加快赤峰改革开放的步伐，促进赤峰精神文明和各项事业的全面发展，产生积极深远的影响。"

苏秉琦教授在贺词中说："这次会议中心议题三项，一是以'红山文化'为主的北方原始社会，二是以契丹文化为主的北方地区中世纪社会，三是方法论问题。三者反映当代中国考古学中至关重要的一个侧面。从中国考古学史的角度回顾这 10 多年轨迹，大致如下：① 1981 年正式提出'以长城地带为中心的北方（北方、东北、西北）区系的观点'；② 1984 年（呼市）提出北方片的界定、界标概念；③ 1991 年提出重建中国古代史的远古时代（史前史），国家形成三部曲论点；④ 1992—1993 年提出有关'世界中的中国'（考古学）论点（石家庄、北京）。1993 年赤峰会议恰恰是 80 年代初借用《庄子·养生篇》讲的'庖丁解牛'的故事，'皆牛也'—'无全牛'—'游刃有余'的三部曲，阐明从区系的观点认识中国考古学，到认识世界中的中国考古学，出发点和落脚点的统一（辩证统一）这样一个'游刃有余'的境界。"

9 位致辞者对会议召开分别表示祝贺，对赤峰能开北方古代文化学术研究之先河予以高度评价和赞赏。

8 月 12 日下午，全体与会人员参观了赤峰博物馆。

晚上，观看了赤峰民族歌舞团为会议演出的大型民族乐舞《太阳契丹》。气势恢宏的演出阵容，跨越时空的演出风格，演员们的契丹发式、服饰令人惊叹不已。整个演出在一阵阵掌声和喝彩声中进行。通过演出这扇历史之窗，使全体与会者在契丹故地，仿佛亲身感受到大辽帝国在这里曾经创造过的二百余年辉煌。

8 月 13 日全体与会中外学者到松山区、红山区考察。上午集中考察了位于松山区孤山子乡的夏家店文化遗址、古城堡等，考察了阴河岩画。中午在松山区初头朗乡政府吃午饭后，全体人员又到红山文化遗址、红山森林公园参观考察。好多外国学者第一次来赤峰，第一次来到红山脚下，他们既为到了红山文化发源地——红山后而兴奋不已，也对因这座巍峨山峰而得名的赤峰这座城市无比敬仰。

8 月 14 日全天大会发言交流，发言由于建设同志主持。

上午有 9 位学者发言。

第一位发言的是中国社会科学院考古研究所研究员刘观民先生。他发言的题目是《红山后发掘以来赤峰地区考古发现中提出的问题与认识》。已经 63 岁的刘观民先生，声音洪亮，演讲生动。他简略叙述了半个多世纪以来，学者们对赤峰地区新石器时代、青铜时代考古学的探索成果，依据已有发现研究论证西拉木伦河河北、河南曾经先后是不同系统的考古学文化交替分布的地带，并就各个阶段的研究提出相关学术问题。如：怎样具体识别不同文化和系统，红山文化是否进入"文明"时代的论争，赤峰地区不同系统的考古学文化分布区域的变迁与自然环境变化、气候变化的关系等。

第二位发言的是中国社会科学院考古研究所第一研究室副研究员杨虎先生。他发言的题目是《兴隆洼文化的历史地位》。他主要论述了兴隆洼文化与辽西史前文化的关系，兴隆洼文化是新石器时代中期的代表、赵宝沟文化是新石器时代晚期的代表，以及兴隆洼文化与红山文化有无继承关系等。

第三位发言的是辽宁省文化厅副厅长郭大顺先生。他发言的题目是《牛河梁遗址发现和研究的新进展》。他在叙述了牛河梁遗址从发现到目前为止的研究进程之后，重点提出了红山文化是南北文化交汇产生的文化类型、是辽河流域的原始文明等观点。

第四位发言的是辽宁省考古研究所研究员孙守道先生。他向大会提交的论文题目是《试论北方骑马民族文化源流及其影响》。他正式发言时说不讲这个题目了。他的发言题目改为《从牛河梁冶铜坩锅遗址的发现谈北方青铜文化的起源》。重点谈了在牛河梁遗址发现了冶铜坩锅遗址。通过对坩锅遗址的考察分析，觉得对北方青铜文化的起源研究有重要意义。

第五位发言的是内蒙古考古研究所研究员田广金先生。他发言的题目是《试析中国北方畜牧业起源及发展》。他的观点是北方地区畜牧业的起源是先经过初期农业文化，再发展为农牧交错文化，逐渐演化为畜牧业文化的过程。

第六位发言的是吉林大学考古学系系主任、博士生导师林沄教授。他发言的题目是《两个现象，一个假设》。他论述的问题很专业，是一个不具有这方面专业知识的人难以理解的问题。大意是，按照已有资料确定，草原通道的东端新石器时代存在一个独特的平底筒形罐文化区，在以西的贝加尔湖地区，新石器时代的陶器则是卵形尖圆底的。但现在出现两个现象：一是平底筒形器出现在相当遥远的西方，二是在西方有相当多陶器的纹饰都可以在草原地带东端的新石器时代陶器纹饰中找到对应关系。由此林教授设想：草原地带因游牧发达而促成远距离文化因素的迅速传播，是漫长历史过程中到达一定阶段才会有的一个现象。他认为，草原地带的游牧文化起初是由草原边缘的原始居民从各个方向进入草原而奠基的。从这个意义上说，内蒙古东南部很早就发展起原始农业，并出现从事定居生活的新石器时代居民，这些居民正是后来驰骋草原的游牧人的重要来源之一。

第七位发言的是在香港经营颖川堂公司、专门收藏红山玉器的美国文物专家王梅生先生。这位老先生通过播放幻灯片的形式，介绍海外特别是欧美收藏红山玉器的情况。

第八位发言的是台北故宫博物院助理研究员杨美莉女士。她发言的题目是《试论新石器时代北方系统的环形玉器》。她在详细展示说明新石器时代各文化区所出土的环形玉器，红山文化遗址出土的玉器情况及红山文化遗址出土的环、璧等众多图表，并进行认真分析比较之后，得出结论：红山文化在环形玉器制作上所凸显出来的独特风格，正是北方地理环境与先民生计文化形态的具体表现，红山文化的环形玉器的确可以作为北方系环形玉器的典型。

第九位发言的是中国社会科学院民族研究所研究员刘凤翥先生。他是契丹字研究专家，他发言的题目是《契丹小字解读五探》。这是个比较狭窄和深奥的问题，少有人听懂。他主要介绍通过运用已有的对契丹小字的解读成果，探讨一些未识别的契丹小字的读音，进而推翻了中外学者用蒙古语给契丹小字拟音的结论。通过这次会议结识之后，刘先生我俩之间保持了较长时间的交往。

9 位学者发言结束后上午会议结束。

下午继续大会发言，下午的会上有 8 位学者先后发言。

第一位发言的是日本京都产业大学的池田哲郎先生。他发言的题目是《蒙古高原及邻区的一些语言特征》。他从一百多年前丹麦语言学家汤姆逊成功破译鄂尔浑河突厥语碑文，创建阿尔泰语言学谈起，对蒙古高原及不同相邻区的语言特征逐一进行分析，进而认为，有史以来，在语言的发展演化中，蒙古高原地带一直扮演着一个非常重要的角色。

第二位发言的是日本熊本市学者丰田五郎先生。他发言的题目是《解读契丹大字的线索》。他通过对 8 件契丹大字墓志和碑刻的研究，初步找到了一些解读契丹大字的线索。发言专业性极强，领域狭窄，内容高深，与会人员多数听不明白。

第三位发言的是内蒙古大学蒙古语言文学系教授陈乃雄先生。他发言的题目是《云南契丹后裔和契丹字遗存》。陈先生是上海人，他年轻时从上海来到内蒙古，在掌握多门知识的前提下，潜心研究蒙古语言文字和破译契丹文字，最终成了杰出的蒙古语言文字专家和契丹字的专家。他的发言主要围绕他 1990 年冬季对云南施甸县的"本人"做实地考察时，从姓氏、文字、习俗、民间传说等诸方面获得的重大发现，发现了契丹人、耶律氏南迁云南的重大线索，从而把北方草原古代契丹民族同遥远的云南联系在一起，并探求他们的共同渊源和迁徙路线。

第四位发言的是来自美国密苏里州堪萨斯大学教授葛雾莲女士。她发言的题目是《保佑辽国的房山须弥山》。她说，辽人很早以来就利用山岳来保存佛法、稳定王朝、护佑边疆、壮大军威，最终将自己的领土扩展到了五代及北宋王朝统治疆域之内。她指出，但担负这些作用的最重要的"山丘"并不是一座具体的实际存在的自然山，而是一系列人造的象征须弥山的塔。她主要以北京西南房山云居寺的几座塔为对象，讨论辽代建筑师如何彻底地把塔的形式、功能和象征意义融为一体，创造出一种不仅具有实际保护功能，而且具有伟大精神力量的建筑结构。

第五位发言的是国立台湾工业技术学院教授赵振绩先生，在我与他个别交流时，他告诉我他的祖籍在山东。他发言的题目是《契丹捺钵文化的含义》。他指出，契丹为游牧民族，出有行营，谓之捺钵文化。捺钵文化是随地迁徙，适水草而居，是动态文化。居有宫卫，谓之斡鲁朵文化，斡鲁朵文化是静态文化。动态的捺钵文化，终点变为静态之斡鲁朵文化，是动中取静之文化，静中取动之文化，互为因果的文化，不是二元之文化，而是一而二、二而一之文化。对此，赵先生从民族、政制、经济、社会、文化、宗教诸方面作了详细论述。他还谈到耶律羽之墓志中关于契丹"沠出石槐"的记述，说这一记述引起他的特别注意，因为这一记述证实了他二十年前在他的博士毕业论文中提出的这个观点。

第六位发言的是香港沙田中文大学中国语文研习所主任、美国学者简慕善先生。他发言的题目是《辽金渤海人》。他用一口流利的中国话详细介绍了他对辽金渤海人研究的一些新成果、新观点。他不时以中国幽默的语言、流利的俏皮话引起大家的阵阵欢笑，使严肃的学术气氛顿时显得活跃起来。

第七位发言的是来自美国的学者曹星原女士。她发言的题目是《试论胡瓌"卓歇图表现的主题和内容"》。曹星原女士从分别收藏于台北故宫博物院的一卷传为胡瓌的作品——《番马图》和收藏在北京故宫博物院也传为胡瓌的作品——《卓歇图》的比较开始，进而重点论述《卓歇图》的主题、内容及其作者。她的观点是尽管此画在清康熙年间书画家张照曾冠以"番部卓歇图"之名，乾隆皇帝还御笔亲作《卓歇歌》，但都题不达意。她认为此画的主题内容应是表现辽代四时捺钵中的"春捺钵"，而不是广义上的"卓歇"。同时她认为此画作者也不是五代时契丹人胡瓌，可能出自非常了解契丹习俗的汉人之手，甚至是书画作坊中有定式本子可依而批量制作的产品。

第八位发言的学者也是大会交流最后一位发言的学者，是北京大学考古系教授严文明先生。他发言的题目是《中国古代文化三系统说》。他说在中国古代文化研究中，多元论差不多已成共识。他认为多元中最主要的还是三元或者称之为三个系统。第一个系统是以中原为核心的华北系统，由于这里是最早产生鬲的地区，而鬲在中国古代文化中是最有特色的一种器物，所以也可以称为鬲文化系统。第二个系统是以长江中下游为主体的东南系统，由于这里最早出现鼎并长期流行这种器物，所以也可称为鼎文化系统。第三个系统是以辽河流域为中心的东北系统，由于这里在史前时代一直以筒形平底罐作为炊器，所以也可称为罐文化系统。赤峰地区处于西辽河、大凌河和滦河上源，属于东北罐文化系统的范围，对整个系统的影响处于中心地位，在中国古代历史和文化发展中的地位是十分重要的。

8月15日全天进行分组交流。会议分为红山文化组和辽金元文化组，我被分到辽金元文化组。

辽金元文化组出席的学者较多，会上全天安排了19位学者发言。依次为：全国辽金元史研究会副会长、吉林社会科学院研究员王承礼，内蒙古考古研究所馆员齐晓光，内蒙古考古研究所馆员郭治中，日本神户市外国语大学教授长田夏树，中央民族学院历史系副教授李桂芝，内蒙古民族师范学院教授刘文鹏，中国社会科学院历史所副研究员李锡厚，内蒙古阿鲁科尔沁旗人民政府副旗长梁万龙，日本长崎县佐世保市城间町宫中学教师原口善一郎，辽宁省文物考古研究所副研究员李宇峰，沈阳东亚研究中心研究员孙进己，赤峰师专历史系主任田广林，内蒙古巴林右旗博物馆副研究员韩仁信，内蒙古巴林左旗博物馆馆长金永田，内蒙古阿鲁科尔沁旗文管所所长丛艳双，内蒙古民族师院科尔沁文化研究所讲师额尔德木图，赤峰电视大学教授邢康，赤峰师专副教授苗泼，赤峰师专副教授尼玛。

虽然是辽金元文化组，但 19 人发言的绝大部分内容都是围绕契丹辽文化的。主持人王承礼先生也因势利导，把大家的注意力逐渐集中于契丹辽文化最新考古成果上。齐晓光的发言借助视频资料集中介绍了一年多来耶律羽之家族墓地的考古发掘进展情况，他介绍说，1993 年，内蒙古三级联合考古组在这个墓地抢救性清理挖掘了 6 个墓葬，都是金灭辽时被盗的，以后再没被盗过。共出土了 4 块墓志，其中耶律祺墓出土了汉文和契丹大字两块墓志，汉文墓志在早期盗墓中被砸损，仅存有 300 多字，契丹大字志文比较完整，尚存有 2800 多字，是迄今发现的契丹大字石刻中字数最多的一件。墓主人死亡时年龄 75 岁，在道宗、天祚两朝做过官。另两块分别是漆水公耶律觌烈和耶律道清的。耶律羽之墓群不但有墓，还有祭祀用的建筑。在向阳坡簸箕形入口处，隐约能看出两个圆堆，可能是门楼建筑的遗址。通过一年多的清理挖掘可以断定，朝格图山附近十几处墓葬都属于耶律氏，跨越辽代早中晚三个时期，贯穿 150 年左右。郭志忠当时正在巴林右旗清理辽庆陵、东陵，他用录像片展示了庆陵、东陵发掘现场情况，重点介绍两个陵墓中现存的大量珍贵壁画及其清理复制情况，引起在场人的浓厚兴趣。我第八个发言。我的发言主要是根据出土的耶律羽之墓志，重点对耶律羽之其人、族氏渊源及相关问题进行探讨。一是因为耶律羽之是近一年来契丹考古中新发现的重量级人物。二是对这个人物及其家庭的研究刚刚开始，还没有太系统的文章发表。三是因为我是这次会上唯一一名以学者身份出现在这个讲台上的政府官员，因此格外引起与会者的重视和关注。所以不管在会上发言、在会下个别交流，还是在后几天的现场考察中，都有些学者主动与我接触，了解情况，予以鼓励，把他们出版的著作主动送我。有一些会内会外的记者、杂志社的编辑找我索要论文稿子，还有的预约下一步可能继续写的稿子。我也借机会主动和国内外学者接触，主动拜他们为师，向他们请教。

8 月 16 日开始进行实地考察。

16 日上午，考察红山文化的小黑石遗址。下午，参观考察辽中京遗址和宁城县博物馆。全体代表首先来到位于宁城县政府所在地天义镇西 20 多公里处的大明镇铁匠营子村与南城村之间的辽中京遗址。辽中京是辽代的五京之一，为辽王朝的重要陪都，建于辽圣宗统和年间。辽代帝王常在这里接待宋朝使臣。辽亡后，金代改称为"北京路大定府"，元代又改称"大宁路"，明代初年在此设大宁卫，永乐元年（公元 1403 年）撤销卫所，从此沦为废墟。

辽中京的城市布局仿照北宋汴京开封的布局制度，有外城、内城和皇城三重。外城的平面呈长方形，东西长 4200 米，南北宽 3500 米，周长约 15 公里。南墙正中辟有一门，筑有瓮城，四角有角楼。自南门朱夏门到内城的南门阳德门，全长 1400 余米，正中有一条宽 64 米的大道，大道的两侧有用木板覆盖的排水沟，直通朱夏门两侧城墙下的石涵洞。在距朱夏门约 500 米的大道中心，残存一座马鞍形土包，推测可能是门楼的遗址。大街的两侧有对称布置的街道，南北向的经路各三条，东西向的纬路各五条，路宽 4～15 米。由这些街道组成的坊区，是汉族百姓居住的地方。外城的北部有寺庙、廊舍、驿馆和官署的遗址。在城内西南角的山坡上，还分布有密集的寺庙建筑遗址。历史上，辽中京的城市规模列辽五京之首，是辽代最大的京城。现场所见，辽中京遗址地表所留遗迹很少，周围大部分已变成大片的农田。在外城南部的东北角，靠近内城南墙正南门——阳德门外东侧的地方，保存有一座密檐式的砖塔，是辽中京遗址中保存最完整的建筑物，传说建于辽圣宗时，是中京城内感圣寺的舍利塔。因为辽中京城延续到明代时就只留下这座宝塔了，因此后来人们习惯把它称为"大明塔"。

大明塔引起了中外学者的极大兴趣。大家围拢在宝塔的周围，仰头观望，尽情欣赏。大明塔真是雄伟壮观。该塔为八角形十三层密檐式实心砖塔，总高 80.22 米，基座直径 36 米，周长 112 米，第一层大檐距地面近 11 米，高度上仅次于陕西省泾阳的崇文塔和河北省定州的料敌塔，是全国第三高塔，塔的体积在全国居第一。

该塔为八角形，每面都雕有细致入微、栩栩如生的菩萨坐像浮雕。每位菩萨左右各有两个助侍，上端有一对飞天，每面左棱上是一个二截塔样的造型，上截刻有本面菩萨说法地名，下截刻有本面菩萨的法名。如正北面左棱塔上截刻"曲女城边说法塔"，下截刻"金刚手菩萨"，全是汉文。不论是佛像浮雕，还是其他文饰，堪称罕见的艺术珍品。大檐仿木结构，二层以上为密檐。塔顶基部高 7.16 米，铜顶高 2.88 米。整个大塔建筑宏伟，造型秀美，工艺精湛。大明塔兴建的具体年代，至今尚无准确资料，但据考古学家分析认为大明塔确为辽代所建。根据 1982 年维修时从塔上发现的一块砖上写有的"寿昌四年四月初八"等字句推断，认为大明塔应为辽统和二十五年到寿昌四年（公元 1007—1098 年）所建，那样就跨越辽代圣宗、兴宗、道宗三任皇帝在位期间。

由于经历数百年的风吹雨打，特别是经历了元代七级大地震及 1976 年唐山大地震，塔顶倾斜，风铎、铜鉴大部坠落。历史上对该塔可能有过多次维修，但未见史料记载。只是在塔正面菩萨像两边有蒙文字两行，译为"大清帝国咸丰甲寅年修"。国家为了保护此珍贵的文物建筑，1981 年投资 50 多万元对该古塔进行了全面修补。经过 3 年施工，1984 年 8 月全部完工。此次重修不仅恢复了其原有的面貌，而且更换了原铜顶，新挂风铎 1000 多个、铜鉴 40 个。经过这次重修，古塔焕然一新，再次恢复了原有的雄姿。

该古塔雄浑凝重，巍峨矗立，尤其是古塔建在老哈河北岸冲积平原上，周围视野开阔，在晴朗的天气，即使在百里之外，肉眼也可以看得到。清代乾隆皇帝曾留下描写此塔的诗句："自远早见郁迢迢，逼近欲瞻翻不易。"尤其我们是下午来参观，宝塔在夕阳的照耀下，更显得巍峨、高大、宏伟、神秘。所有参观者无不为此塔工程之浩大、造型之壮观、雕刻之精美而叹为观止、肃然起敬。

8月17日考察位于辽宁省凌源市与建平县交界处的牛河梁遗址，这是红山文化的重要遗存。遗迹由女神庙、祭坛、积石冢等祭祀遗址群组成。女神庙位于遗址中心，为半地穴式建筑，由一个多室、一个单室两组建筑构成，多室建筑为主体。积石冢是古代墓葬的一种。冢内有石棺墓，古人把隆起的坟包称为"冢"，考古学家便把用石块堆积起来的红山文化墓葬形式，称之为"积石冢"。此处的积石冢群规模很大，全用石块堆积而成，可见工程量之大。在积石冢群中，13号是最为宏大的建筑，其外形酷似"金字塔"。这些远古时代的宏大建筑，其工程量之浩大、设计建造之精细真让人觉得不可思议。几千前的先民们是用什么设备和技术建设的？是什么人创造的这些奇迹，使其历经几千年仍能保存如此完好？这些问题真令今人费解。

这天中午秋阳高照，日暖风和，中外学者一百多人就在考察途中的一个小树林里野餐。男男女女，肤色不同，发色各异，年龄不一，大家席地而坐，挨肩促膝，欢聚一处。蓝天，白云，绿树，野草，稀疏的野花，远处的高粱、玉米、大豆、谷子做了午餐场天然的布景。大概这些学者很少有这样的机会，能在这样辽阔苍茫的自然环境中，与来自这么多国家的这么多人簇拥在一起吃饭。大家席地而坐，坐不住的就蹲起来、站起来，互相递着食物，互相敬着酒，真是饶有兴趣、欢乐至极。

"东方红，太阳升，中国出了个毛泽东……"突然《东方红》的歌声响了起来，人们顺着歌声看去，在树林的边缘草地上，一个个子不高的老人，手舞足蹈，边唱边跳，手里还拿着个宁城老窖的酒瓶，看来他是已略有酒意，借酒意而发挥。凑到跟前一问才知道是73岁的日本学者、神户市外国语大学教授长田夏树，他偏矮的个子、红红的脸膛，喜气洋洋地吃着、喝着、唱着、舞着，为这露天的午餐助兴。这位日本学者不但会说汉语，还能熟练地说蒙古语。后来我们到巴林右旗时，他在旗博物馆拿起一本蒙文书竟高声朗读起来。

完成 17 日的考察任务，大队人马住在宁城县政府所在地天义镇。

8 月 18 日从宁城赶往巴林右旗。

8 月 19 日在巴林右旗考察了庆州白塔、辽庆陵。正好庆陵的中陵墓道、墓室壁画清理复制工作尚在进行，全团人员依次下到墓道，进入墓室里实地考察。亲眼看到了长长的墓道里画满鲜艳多彩的壁画，亲自领略了墓室那奇特的建筑结构。

8 月 20 日上午，参观了巴林右旗博物馆、荟福寺。下午到巴林左旗。

巴林左旗是辽上京所在地，是考古工作者们历来向往的地方，也是本次考察活动安排的压轴重点。对辽上京遗址及其周边遗址遗迹的考察大家都充满了期待。

8 月 21 日全天考察辽祖州城、辽祖陵遗址、辽真寂寺（昭庙）。

早饭后全体代表一起来到位于巴林左旗哈达英格乡西北部的辽祖州城遗址，它是辽祖陵的奉陵邑。位于祖州城内的石室（当地俗称"石房子"）由 7 块巨型花岗岩构筑而成，高 3.5 米，宽 6.7 米，进深 4.8 米。这种结构的石室，为中国古代建筑中所少见，也是辽代仅存的一座。虽历经千年风雨，依旧安然端立。大家围绕观察，频频拍照，纷纷讨论石房子当年是怎样建造的、它是做什么用的。有的说它建在奉陵邑里，在祖陵的前面，应是当年阿保机死后到下葬之前这段期间停灵的地方；有的说建得如此坚固大气，不能是为停灵一时之用，应该是祖陵的永久祭祀场所……发言者均各执己见，形不成统一意见，最后都认为石房子的建造方法和使用功能是难以猜测的千古之谜。

接着参观辽祖陵遗址。辽祖陵遗址山势险峻，草木蓊郁。人们下车徒步进入陵区，举目观望，但见入口处两峰突兀，一左一右，对峙而立，这就是人们所说的"黑龙门"。高大的黑龙门一侧的巨石极像巨龙的龙头，龙身便是盘旋蜿蜒的巨大山脉，与龙头对应的另一侧是绝壁，如斧削刀切一般。

面对青山幽谷，古树荒草，联想到千年前跃马横刀、开疆拓土建立大辽王朝的开国皇帝耶律阿保机及述律后就长眠于此，仿佛耶律阿保机率领大军征战沙场的金戈铁马之声就在耳边回响，不觉使人们自然产生一种发自内心的敬慕感，使这青山幽谷顿时增加了些许神圣和威严感，使人们感觉出一股幽幽的陵气和灵气。

下午考察辽代真寂寺（当地人称之为召庙）。真寂寺位于查干哈达乡，距辽上京遗址20公里。1974年修缮庙堂顶盖时，在石窟门楣上方，发现阴刻"真寂之寺"四字，才知道"真寂之寺"系辽代开凿庙内石窟时所题之原名。真寂寺深藏在有北五台之称的桃石山中，所依之山令人称奇。整座山从沟谷骤然拔起，山顶一块巨石宛如一只成熟的大蜜桃，以三点支撑在山崖顶端，风吹犹动，雨打欲摇，随时都有轰然坠落之感，当地人叫它桃石山。深山古寺，别样幽静，大家忘却了上午登祖陵山峰的疲劳，依然兴致勃勃。走进真寂寺石窟，在佛门净土瞻仰释迦摩尼涅槃石雕像，欣赏千年前那浑厚庄重的摩崖石刻，亲自感受真寂寺之寂，登上桃石山峰近观桃石之险，过娘娘洞，走阎王道，钻再生洞，飞吻"大蜜桃"，俯瞰"金龟穿洞"。

8月22日，考察辽上京遗址、南塔、北塔和巴林左旗博物馆。

上午，阳光灿烂，微风习习。早饭后我们乘车出了林东镇，向南来到了辽王朝的开国皇都——辽上京遗址。视野一下子开阔了，我们俨然进入了一片大草场。随行人员介绍，辽上京遗址从20世纪60年代确定为全国重点文物保护单位后，划定了重点保护区，将遗址范围内原有的居民迁走、房舍拆除，并严禁兴工动土，从而得到了较好保护，使整个遗址区成为一片草地。

为使中外学者对这个规模宏大的遗址总体布局和各部分有个清晰的了解，巴林左旗博物馆馆长金永田先生首先作介绍。他说，辽上京遗址是辽代都城遗址，上京为辽代五京之一，号临潢府，是辽王朝的统治中心。1961年被国务院公布为全国重点文物保护单位。上京是契丹建国之初设立的都城，始建于神册三年（公元918年）。史载，上京为辽太祖创业之地，负山抱海，天险足以为固，水草便畜牧。公元916年，耶律阿保机在龙化州（今敖汉旗东部）称帝建辽，公元918年命礼部尚书康默记充当版筑使建都城，仅百日便初具规模，名曰皇都。辽太祖死后，太宗即位继续营建皇都。公元938年，太宗改皇都为上京并设临潢府。皇城平面呈不规则六边形，城墙总长约 6400 米，面积 225 万平方米，由外城和内城组成。城墙均为夯土版筑，残高 5 ～ 9 米。外城东、南、北墙呈直线，各长约 1500 米，西墙中段位于小土冈顶部，南、北两端向内曲折，全长约 1850 米。东、西、北三面保存基本完好，南面由于被河水冲毁，残存数段。城墙外侧加筑马面，上有敌楼，马面间距 100 余米，恰好为"一箭之地"。城墙四面中部开门，现残存东、西、北门址，并加筑瓮城。城外有护城河，河外有护堤。上京城分南北二城，北名皇城，为皇族居所，地表可见的有宫殿遗址；南名汉城，为汉族人居所，两城相连呈"日"字形。辽上京城市建置吸取了汉人城市建筑的传统格局和风格，同时也有自己的民族特点，契丹、汉人和渤海人分城居住，是辽朝"以国制治契丹，以汉制待汉人"的政治制度在城市建筑方面的集中体现，对金、元、清诸王朝都产生了深远影响，在我国乃至世界古代都城发展史上有着重要地位。辽上京作为辽之都城历经 204 年。1120 年金兵攻占上京。金时将上京改为北京临潢路，至元代上京逐渐废弃。皇城内现残存石刻观音、龟形碑座各一具及大量珍贵的地下文物等。附属建筑有南北二塔。

金馆长提纲挈领的介绍和对现场方位的指点，使大家有了现场感和方位感。接下来大家自由活动，分别有选择地考察。来自不同国家和地区的一百多位学者，在偌大的草甸子里一下散开，远看就像幼儿园郊游的小朋友一样，仨一堆俩一伙，分别奔向他们想要近距离观察的目的地。宫殿遗址的柱础、残存的无头石刻观音像、龟形碑座都是专家观察和拍照的重点，一些人干脆坐在草地上或躺在草地上拍照。好多分处异国远隔千里万里的同行朋友，难得在世界有名的辽上京相聚，考察又将接近尾声，分手在即，于是纷纷聚拢在残缺的石刻观音像前合影留念。我作为当地人心里清楚，那石刻观音本来是完整的、美丽的，但在"文化大革命"中被"革命小将破四旧"砸毁了，头部已经没有了，好在没有连根拔掉，下半段保存了下来，还能向世人证明它的存在。

随后，大家又参观了南北二塔。

下午，全体人员参观巴林左旗博物馆。博物馆建筑规模虽不大，但馆藏文物很丰富，珍贵文物很多。那一方方辽代墓志，那一个个雕刻精美、绘画精细的棺床小帐，还有那仿真人的木俑都是在其他博物馆所看不到的，上京终归是上京。

8月23日因内蒙古《实践》杂志社总编宁宝才、总编室主任徐纲在出席研讨会后要到阿鲁科尔沁旗调研，并要到耶律羽之墓地考察，所以我只好陪同他们回阿鲁科尔沁旗，会议后两天的活动我没能参加。

会上的最大收获是结识了文物考古界的众多高层学者，了解了中国北方古代文化研究的最新动态，学到了一些过去不曾接触过的知识，收集了一些过去不曾掌握的信息，这些对我这个初学者下一步深入研究起到了启蒙和提高的作用。同时也把自己费九牛二虎之力制作成的一块"引玉之砖"——论文，抛了出去。

还是尽快把我当时会上发表的论文奉献给读者吧。

耶律羽之及其族氏考析

1992 年 7 月，在内蒙古阿鲁科尔沁旗罕苏木苏木古日班呼硕嘎查的朝格图山南麓发现一座规模宏大的辽代前期墓葬。经清理得知墓主为耶律羽之。其墓室建造之豪华，殉葬品数量之多、制作之精巧超出常人想象。有些文物尚属国家首次发现，出土的墓志是目前所见辽代墓志中最早的一块。享受如此厚葬的耶律羽之究竟何许人也？该墓葬的发掘给我们哪些启示？笔者根据有关史籍与出土文物对其家世、生平及由此引发出的耶律氏族源、祖居地等问题作初步考证分析。

一、耶律羽之家世

耶律羽之（公元 890—941 年）[1]，小字兀里，字寅底哂，契丹迭剌部人，为六院部蒲古只 [2] 夷离堇之后。"其先宗兮佶首，派出石槐" [3]。该家族"历汉魏隋唐已来，世为君长" [4]，到后来产生了辽王朝九位皇帝成为皇族。

其曾祖勤德 [5]，迭列夷离堇，北大王。祖父曷鲁，匣麦 [6] 夷离堇，是辽太祖阿保机的祖父玄祖简献皇帝匀德实的兄长。父沤思，遥辇氏可汗时为迭剌部夷离堇。其母邈屈耐奇，乃相门之女。

据墓志记载羽之兄弟六人，羽之行四。季兄与五弟、六弟都夭亡早逝，史籍可考的只有其长兄、仲兄与羽之三人。

长兄耶律曷鲁，字控温，一字洪隐，性情质朴宽厚，是与阿保机同年出生且最要好的弟兄。小时候两人经常一起玩耍，互换衣穿，互换马骑，不分你我。渐次长大，两人又有共同的志向，常习武布阵、骑射狩猎。所以《辽史》记载其"从父释鲁奇之曰：兴我家者，必二儿也"。及至成人之后，曷鲁成了极受阿保机信任的谋士重臣。在阿保机创立帝业过程中他起了极其重要的作用。《辽史》载："太祖素有大志，而知曷鲁贤，军国事非曷鲁议不行。"意思是说阿保机生来就有成就帝王之业的志气，而且深知耶律曷鲁的贤达才略，凡军国大事不与曷鲁商议之前不作决断、不实施、不行动。在耶律曷鲁的忠心辅佐和积极劝进下，阿保机终成帝业，于公元907年担任契丹最高首领，916年正式登上帝位，成为辽国的开国皇帝。阿保机称帝后，即"命曷鲁总军国事" [7]，耶律曷鲁成了仅居皇帝之下的重臣。其仲兄耶律觌烈，字兀里轸。其性格以谨慎、沉稳、宽恕见长。阿保机称帝曷鲁主管宿卫事时，"觌烈入侍帷幄，与闻政事" [8]。神册三年（公元918年），47岁的曷鲁病死，阿保机遂命觌烈继任迭剌部夷离堇，"属以南方事" [9]，后来参与讨党项、伐渤海、守扶余城。天显二年（公元927年），觌烈留守南京，天显十年（公元935年）卒，年56。羽之另有姊妹六人，皆适高门望族之家。

二、耶律羽之其人其事

耶律羽之自幼性格豪爽，与众不同，酷爱学习，熟悉诸部语言。他兴趣十分广泛，知识甚为渊博。他对儒家学说、佛教经典，以及庄子、老子等诸子百家学说都研究很深，对礼、乐、射、御、书、数六艺都十分精通，并且记忆力惊人，善于言辞。其墓志中赞扬他"幼勤事业，长负才能，儒释庄老之文尽穷旨趣，书算射御之艺无不该通"，"事有寓目历耳者终身不忘，言有可记堪录者一览无遗。博辩洽闻，光前绝后"。尤其在晚年阶段，他曾如痴如醉地潜心研究佛法和儒家著作，对佛学与儒学有很深的造诣。信奉佛教，尊崇孔子。墓志铭文说他"於辅政之余，养民之暇，留心佛法，耽味儒书。入箫寺则荡涤六尘，退庙堂则讨论五典"，"归敬释门，遵行孔矩"。

他思维敏捷，文武兼备，受到阿保机特别的赏识。在阿保机建国之初，他就经常参与军国大事的谋划，略露锋芒。天显元年（公元926年）七月 [10]阿保机灭渤海国，以其地置，建立东丹国（意为东方之契丹），为契丹国的附属国，封其长子皇太子耶律倍（图欲）为东丹国主，称人皇王。开始国都设在天福城（即渤海国忽汗城，今黑龙江省宁安县南）。仿照渤海国旧的国家体制，设置中台省左右大相和左右次相。以阿保机的弟弟迭剌为左大相，渤海国老相（姓名待考）为右大相，渤海司徒大素贤为左次相，耶律羽之为右次相。耶律羽之"虽居四辅之末班，独承一人之顾命"[11]，成了东丹国建国安邦之时的实权人物。

东丹国建立不到一个月，左大相迭剌即病逝。右大相与左次相因属渤海国旧臣遗老，对国事概不用心。耶律羽之不计较名次地位，为政勤奋，恪尽职守，很快加封太尉。他积极率众讨伐叛逆，招抚边城，屡次凯旋，深得国人敬佩，威望和信誉逐渐提高。不久被加封为太傅，判盐铁，封东平郡（今辽宁省辽阳市）开国公，食邑一千户。同一年，阿保机病逝，其次子耶律德光继位，是为辽太宗。天显二年（公元927年），羽之迁升为左大相，成为总领国政的大臣。天显四年（公元929年），耶律羽之上表建议"辽地形便，可建邦家於是"[12]，向耶律德光详细陈述辽阳一带乃是渤海国人民的故乡，地域宽广，土质肥沃，直连大海，有木铁盐鱼之利。不如将东丹国都迁到那里，将渤海国旧民送还故乡，既可使这些人回故地后得以安居乐业，国家又可获木铁盐鱼之利。我大契丹国就"可以坐制南邦，混一天下，成圣祖未集之功，贻后世无疆之福"[13]。既可完成前辈未竟大业，又可给后世子孙留下无限的幸福。耶律德光采纳了他的建议，于天显四年末（公元929年）[14]把东丹国的国都迁到辽阳城。天显五年（公元930年），耶律倍因感到与德光有隙，一直受其监视，恐日后生变，遂从海上逃往后唐的都城洛阳。东丹国一度未立国主，羽之实际上成了东丹国的最高统治者，此后一直执政八年多。在没有国主的情况下，他治理国家、管理人民与以前一样，充分展示了他的卓越才能。会同元年（公元938年）[15]改辽阳城为东京，耶律羽之任东京宰相，同年奉诏入朝。耶律德光在举行大晋之册礼时，为其加特进阶，上柱国（一品官），食邑二千五百户。从此耶律羽之进入契丹王朝的最高统治集团，直接参与契丹王朝的军国大事决策。墓志铭文说羽之虽"位居冢宰，礼绝百僚"，但能"於宠思辱，在上不骄，公平无党，义均更昭，养民以惠，抚俗不劳"。

会同四年（公元941年）八月十一日，耶律羽之病逝于辽上京（今内蒙古巴林左旗林东镇南），时年52岁。辽太宗"哀诏爱下有司备仪送终之礼"[16]，谥号"文惠公"，并刊刻石铭，记其功德，在"裂峰之阳"破土造墓。翌年（公元942年）三月六日，厚葬于今内蒙古阿鲁科尔沁旗罕苏木苏木朝格图山南麓。因其生前功高望重，故辽王朝为其建造了富丽堂皇的陵墓。在安葬耶律羽之后18天，其夫人因衰至极而倾逝，遂于当年五月十一日入旧茔与羽之合葬。在相隔1050年后的今天，其墓葬的神秘面纱被世人揭开，成为1992年全国十大考古新发现之一而轰动考古界。

三、耶律族氏及其他问题探讨

耶律羽之墓的发现与发掘，其墓志的出土，特别是用汉字篆刻的具有1200多字的墓志铭，记载着契丹早期社会的一些重要事件，为证史、补史、创史及研究契丹早期社会情况提供了极其珍贵的实物资料。耶律羽之墓所在的墓群有墓葬数十座，规模宏大，排列有序。与羽之同处一墓葬群者都是何人？耶律羽之为什么要埋葬在这里？这些发人深思的疑问，将随着墓葬群发掘工作的深入不断得到新的答案。在还没有获得可靠答案之前，仅根据已有的文献资料和出土文物资料，试着对耶律氏的族源、耶律家族的祖居地或发源地、契丹王朝的职官制度作点初步探讨。

（一）关于耶律氏的族源问题

羽之墓志铭文中对耶律氏族源的记载是："公讳羽之，姓耶律氏，其先宗兮佶首，派出石槐，历汉魏隋唐已来，世为君长。曾祖讳勤德，迭列夷离堇。"这一记载再次印证了契丹源于东胡系，是鲜卑中的一支。而耶律氏的先祖是佶首，佶首出自檀石槐。檀石槐是东汉桓帝时（公元2世纪中叶），鲜卑族中的著名首领。在他担任大人期间，"南抄缘边，北拒丁零，东却扶余，西击乌孙"，"尽据匈奴故地"[17]。以他为首建立起了一个鲜卑军事部落大联盟，曾强盛一时。

东汉灵帝光和四年（公元 181 年）檀石槐死后，他的儿子和连继承了他的联盟首领的位置。部众纷纷叛离，联盟开始分裂。不久和连中箭身死，部落联盟宣告彻底分裂。原来部落联盟的一部分，即漠南自云中（今内蒙古托克托县）以东地区分裂后形成三个集团：一是檀石槐后裔组成的步度根集团，有部众一万余落；二是被称为"小种鲜卑"的轲比能集团；三是原联盟东部大人所领的若干小集团。从曹魏明帝太和二年（公元 227 年）开始，强大起来的轲比能集团先后兼并了步度根集团和东部大人所统领的若干小集团。到青龙元年（公元 233 年），漠南地区除西部鲜卑外基本被他统一，形成了一个以轲比能为首的新的鲜卑部落联盟。青龙三年（公元 235 年），轲比能被曹魏刺客所害，局部的统一再次瓦解。继而东部鲜卑先后兴起了宇文部、段部、慕容部三个部落，后来在这三部中产生了包含耶律氏在内的契丹族。

宇文部本不是鲜卑人，其族源出自匈奴。在檀石槐军事联盟时期，其上层统治者担任联盟东部大人，而后才逐渐鲜卑化。在轲比能联盟瓦解后，才成为东部三大鲜卑部落之一。早期契丹部落、库莫奚部落与宇文部一起游牧，属异族同处。东晋康帝建元二年（公元 344 年），前燕主慕容皝攻破宇文部首领逸豆归，契丹与库莫奚被击溃后从鲜卑中分离出来。北魏道武帝登国三年（公元 388 年），库莫奚又被道武帝拓跋珪打败，契丹从此与之"分背"，单独游牧于潢水及土河（今内蒙古西拉木伦河、老哈河）流域，自号契丹。

契丹早期有八个部落，经过数代的生息繁衍，契丹诸部中崛起一个强大的迭剌部，迭剌部的杰出代表阿保机变家为国之后，以其家族所居之地名为族名，即为耶律氏。但其不忘先宗，刻石记其族氏渊源，以昭后世。

羽之墓志中"派出石槐"的记载，进一步印证了契丹族确属鲜卑族分支的一部分，是与宇文部、库莫奚一起游牧的鲜卑人的一部分。同时证明耶律家族的契丹人不仅是鲜卑人演变成的契丹人的一部分，而且是属于檀石槐的后世传人，而不是由匈奴人后鲜卑化的宇文部的后裔。

（二）关于耶律氏的祖居地或发源地的问题

《辽史·地理志》载：祖州"本辽右八部世没里地。太祖秋猎多于此，始置西楼。后因建城，号祖州。以高祖昭烈皇帝、曾祖庄敬皇帝、祖考简献皇帝、皇考宣简皇帝所生之地，故名"。据此考古界与史学界一直都认为耶律氏的祖居地或发源地就在祖州（今内蒙古巴林左旗哈达英格一带）。但迄今为止，还没有听到关于在祖州范围内发现阿保机上几代人墓葬的报道，只知道阿保机的陵墓在祖州。那么阿保机及其祖代是否出生、成长在祖州，除《辽史》外别的根据都不充分。耶律羽之墓的发现使这一问题有进一步讨论的必要。

1. 文献对这一带的记载

首先从上面引到的《辽史·地理志》这段话中分析，祖州这个地方在阿保机能打猎的年龄时，秋季还常到此打猎。打猎的地方肯定还很少有人居住。后来开始建设西楼，再后来建城郭号祖州。这说明，阿保机长大后才建楼、建城，没明确说阿保机在这里出生。在阿保机年轻时还经常打猎的、很少有人居住的祖州范围，很难想象阿保机的上四代祖都出生在这个地方，至少祖州地望不是今天所理解的范围。

其次《契丹国志》中说圣宗景福元年"六月三日，崩於上京东北三百里大斧河之行帐……，葬于西北二百里赤山"。其中所指上京东北三百里之方位与耶律羽之墓的位置颇接近。大斧河可能是今海哈尔河，行帐可能与今内蒙古阿鲁科尔沁旗罕苏木苏木白城子古城遗址有关。缘何在此设行帐，是否因耶律家族早年在这里居住而设，或是后来为便于巡幸和管理故里而在这里设行帐也不无可能。

《契丹国志·族姓原始》中关于耶律氏的由来说："契丹部族，本无姓氏，惟各以所居地名呼之，婚嫁不拘地理。至阿保机变家为国之后，始以王族号为'横帐'，仍以所居之地名曰世里著姓。世里者，上京东二百里地名也。今有世里没里，以汉语译之，谓之耶律氏。"依据此说，按方向距离推断，耶律氏家族的形成亦不在祖州，应在今内蒙古阿鲁科尔沁旗宝力召、扎嘎斯台苏木一带。

2. 出土文物情况

在祖陵附近曾出土过"辽太祖记功碑"残石。1975 年在内蒙古阿鲁科尔沁旗坤都镇沙日温都嘎查发现《北大王墓志》（即《耶律万辛墓志》），出土地点距羽之墓较近。墓志上记载耶律万辛"重熙十年二月十五日夜疾薨于上京南之私地，年六十九……，以其年十月八日葬于旧郡之丁地"。这证明埋葬他的地方正是他的原籍，即出生地。重熙十年为公元 1041 年，时间晚于羽之墓志 99 年。按年龄推算，他是在羽之死后 32 年在"旧郡"出生的，死后又送回原籍安葬。

1991 年，在内蒙古阿鲁科尔沁旗扎嘎斯台苏木图古日根塔拉嘎查发现一无主辽代贵族墓，尸体头戴鎏金铜冠，面带鎏金铜面具，身着铜丝网络，墓内出土大量金、银、铜、瓷殉葬品，其墓葬位置与《契丹国志》中"上京东二百里"基本吻合。

1992 年发掘的耶律羽之墓所在的墓群约有墓葬 20 多座，一律在朝格图山向阳坡面上有序排列。羽之墓排列在墓群西南侧靠下一排，这一排上面隐约还有两排墓葬。在同一列，羽之墓在山脚向上排第三位，其上还有四五座墓。从这种排列看出这个墓葬群可能是一个家族墓地，是至少安葬两代人的墓地。羽之与同辈人（也可能与曷鲁、觌烈）葬在同一排墓葬上，排列在上面的当是其长辈，也许曷鲁和沤思的墓就在这里。

另外，在距羽之墓群数公里的东西山坡上各有一片规模较大的墓群，其中东面的墓群从总体范围到单墓规模都超过羽之墓群，这可能是耶律氏家族中与羽之家族血缘关系较近的另一分支家族的墓地。

考古学的实践告诉我们，有古墓葬的地方，历史上就有过人类聚居区。换言之，墓葬附近必是墓主人生前的居住地。

又据羽之墓的墓葬的形制与汉族帝王墓相似、墓志铭全为汉字、殉葬品也有些是中原所产，说明正如史书所载，阿保机所建的契丹国，多用汉人为官，仿汉法行事，契丹人的汉化程度很高。那么设想，他们不但在墓葬形制、丧葬方式、殉葬物品上仿照汉人，习俗上也应仿照汉人落叶归根，即在外地做官的人死后要回到其出生地去安葬，这应是合乎情理的，死于羽之之后将近一百年的耶律万辛亦按此习惯归葬。按着这样的思路推导，根据羽之墓在其所在墓群中所处的位置及相邻墓群的情况，可以得出墓葬群所在地附近应为其出生地的结论。又由于羽之与阿保机属同曾祖的兄弟，经考证阿保机与羽之长兄曷鲁同年出生并在一块长大的，长羽之18岁。而耶律姓氏又是阿保机变家为国之后以居住地名定族姓的，其变家为国即定族姓的时间最早也在公元907年阿保机成为契丹最高首领时，那时阿保机36岁，羽之也已18岁了。这样说来，羽之墓志只是阿保机变家为国30多年后的事，如《契丹国志》关于族姓来源记载无误，阿保机的父辈可能也住在这一带，也许阿保机就出生在这一带，长大成人，成就帝业之后才定都上京。

把出土文物与有关文献记载联系起来考证，《契丹国志》成书于南宋时期，早于《辽史》一百多年，羽之墓志刻于五代时期，又早于《契丹国志》近百年。《契丹国志》、《辽史》均属后人记先人之事，难免有讹，而墓志则是当时的人记当时的事，相比之下，墓志所记之史更有真实性、可靠性、权威性。因此，可以做出这样的假设：耶律族氏的形成在今内蒙古阿鲁科尔沁旗扎嘎斯台苏木至坤都镇、罕苏木苏木一带，至少这一带曾居住过耶律氏的重要一支。

这样，祖州是耶律氏的祖居地就值得怀疑了，这里是因阿保机四代祖在此出生才叫祖州的说法也值得推敲了。联系辽代几个帝陵所在州的名称，似乎能找出一点规律。作为全国重点文物保护单位的辽代帝王陵寝及其附近的古城遗址合称为"辽陵及奉陵邑"。这里，"邑"作城市或都邑讲，"奉"即奉祀守卫的意思。奉陵邑即专为奉祀和守卫辽帝陵寝而兴建的城郭。据此分析，应先有陵，后有邑。为奉陵而建邑，邑因陵而得名。无陵可奉，一是不在那里建邑，二是建邑也不叫奉陵邑，所以陵与邑是不可分割的关系才叫奉陵邑。《辽史》中介绍怀州（今内蒙古巴林右旗岗岗庙村）的来历时说："太宗崩，葬西山，曰怀陵。大同元年，世宗置州以奉焉。"是因耶律德光葬于此，建怀陵，其地升为州，定名怀州。庆州（今内蒙古巴林右旗索博日嘎苏木）因在庆云山下葬圣宗、兴宗、道宗三人，建庆陵而得州名。按照这样的逻辑推导，祖州就是因为辽太祖阿保机的祖陵在此地，其奉陵邑才得祖州之名，而不是因其"四代祖"出生在那里而得名。耶律氏虽世居上京道，但祖州不是耶律氏的发源地和祖居地，其祖代的坟墓当然也不在这里。《辽史》中提到阿保机在上京城"建天雄寺，奉安列考宣简皇帝遗像"，在祖州"西北隅有内城，殿曰两明，奉安祖考御容"，供祭祀，都没提到陵墓祭典之事。

（三）对辽代职官制度的一点补证

在职官制度方面，对辽代有无特进一官，颇多歧解。上海辞书出版社出版的《中国历史大辞典·辽金元史卷》中对"特进"词条的解释是："文散官名，金元皆置，四十二阶之三阶。金从一品中次。元正一品。"没说辽代有无此官。由徐连达先生主编、安徽教育出版社出版的《中国历代官制词典》的解释是："文散官名称。汉制诸侯功德最盛者得封此官，两晋南北朝多因之，隋为散官。唐始为文散官。后代多沿用，辽无、清废。《通典·职官·文散官》：'汉制诸侯功德优盛，朝廷所敬异者赐位特进，位在三公下……隋文帝以为散官，不理事，炀帝即位，废特进官'。《续通典·职官·文散官》：'唐制文散官正二品曰特进，宋因唐制。辽无此官，金从一品文散阶中次曰特进，下曰崇进，元亦有特进、崇进，皆正一品。明文散官正一品初授特进荣禄大夫，升授特进光禄大夫'。"其他一些历史辞典解释与上大致相同。《辽史·百官志》中无特进官名，但七十五卷羽之传中有"会同初，以册礼赴阙，加特进"。这些记载，颇有矛盾，莫衷一是，很难定论。而出土的羽之墓志说得很明白："天显十三年[18]戊戌岁，嗣圣皇帝受大晋之册礼也，即表公通敏博达启运功臣，加特进阶，上柱国，食邑二千五百户。"这就补证了辽代确有特进一官阶，羽之就被封过此官，而且俸禄很高——"食邑二千五百户"，位置极显赫——"上柱国"，笔者认为定为正一品官当不足为过。

耶律羽之墓的发现及其墓志的出土，为研究辽代政治、经济、文化、民族风俗及与中原王朝的关系等方面都提供了大量的实物资料，是辽代考古的重要发现，它的史料价值必将随着考古研究的不断深入而逐渐显现出来。

注释:

[1] 耶律羽之的出生年未见文献记载，本文中的出生年系根据出土羽之墓志上注明的卒年、年龄按虚岁推算的。

[2]《辽史·皇族表》校勘记中认为帖剌、蒲古只、匣马葛为一人三名。

[3][4] 引自出土羽之墓志，"沠"多音字: ①读 liú，为"流"字的异体，这里为渊源、源流之意。②读 pài，古同"派"，水的支流。

[5] 羽之墓志中记载的勤德，可能是《辽史·太祖本纪》中的懿祖萨剌德的同名异译。

[6]《辽史·列传第三·耶律曷鲁》中为"祖匣马葛，简宪皇帝兄"，本文引自羽之墓志。

[7] 引自《辽史·列传第三·耶律曷鲁》。

[8][9] 引自《辽史·列传第五·耶律觌烈》。

[10] 契丹灭渤海时间，《资治通鉴·后唐纪四》为天显元年七月，《辽史·太祖本纪》为二月，本文从《资治通鉴》说。

[11][12] 引自羽之墓志。

[13] 引自《辽史·卷七十五·列传第五·羽之》。

[14]《辽史·太宗本纪》中羽之上表时间为天显三年(公元928年)末，羽之墓志中为天显四年(公元929年)，本文从羽之墓志说。

[15] 羽之墓志中为天显十三年，因这一年十一月改元会同，故本文用"会同元年"。

[16] 引自羽之墓志。

[17] 引自《后汉书·鲜卑传》。

[18] 即为会同元年(公元938年)。

驚理而公天四曝巨新
之不昇禮道年之道
理驚天之歲暇留
壞弁而之也次留心佛
器於雖獨皇辛心味儒
舊定加加帝丑佛入
能因藥別之八法國
女夫藥漸鶴甥月耽新寺
四人生至之良十味
玄道抄莫能振於王或悲德一儒
制御莫道雄於王生涕月日
乃登其隆人降禍

趣谈辽墓考古

第三篇 憋出来的"考释"

中国古代北方文化国际学术研讨会结束后的一段时间，对耶律羽之及其墓葬的研究和关注在考古界形成了一个小的高潮，国内一些报刊相对集中地刊载或转载了我在会上发表的论文。

《昭乌达蒙古族师专学报》总编叶沐耕教授自始至终参与了研讨会的筹备和召开。在会前他就认真审查了我的论文稿，会议中又听了我对论文的阐述发言，就文中一些观点与我多次切磋探讨。会议结束不久，《昭乌达蒙古族师专学报》1993 年第 4 期就全文刊登了《耶律羽之及其族氏考析》一文。

赤峰日报社政文室主任鲍喜章老师也全程参加了这次研讨会。会议接近尾声时鲍主任找到我，专门探讨在《赤峰日报》上如何刊载论文一事。鲍主任说："发现耶律羽之墓葬、研究墓主人一生事迹及其家族情况，这在赤峰文史界是一件大事。耶律羽之是赤峰这块土地上出生成长的历史人物，在千年之前的北方草原帝国里是一个重量级的人物，出生在赤峰这块土地上的历史上的重要人物和发生在这块土地上的重大事件应该让今天的赤峰人知道。《赤峰日报》这一市级地方主流媒体应该刊登这方面的文章。但《赤峰日报》作为赤峰市委、市政府的机关报，又不可能在一期上全文刊登你这 7000 多字的论文。要研究一下处理办法，使之既符合日报编辑方面的要求，又尽量保证论文内容的完整性。让赤峰人看后对曾生活在这里的这个人、这个家族，对发生在一千年前的这些事，有一个较为完整的印象。"

鲍主任建议，根据论文内容和文字量，把论文切成几块，使之既独立成篇，又相互联系，这样《赤峰日报》就可以分期连载，也便于读者阅读。

根据鲍喜章主任的要求，会议结束回到旗里后，我便在紧张的工作中，挤出时间对论文进行切割。去掉文章中与内容关系不大的繁言赘语和对介绍人物、事件不太重要的词句，按着一篇一个中心的原则，将论文一分为四，每篇都冠一个题目，总的有一个编者按，交代意图，说明要分期连载。最后一夜几乎忙了个通宵，早晨上班把文章交给政府办公室一位秘书，请他代我到邮局寄出，之后我便乘车下乡了。几天后我下乡回来，那位秘书见到我说交给他的那几篇文章在我下乡当天就送邮局寄出了，还特地和我说："多亏寄之前我检查一遍，要不真要出错了。"我问怎么回事，他说："你太忙了，没发现四篇当中有一篇的标题错了一个字，我发现给改过来了。"我问哪个字，他说："一篇标题是《对辽代职官制度的一点考证》，你是把'官职'写成'职官'了，我改成'官职'了。"我一听忙说："哎呀，改错了，是职官制度，不是官职制度呀！"他听了愣了一下，当明白是怎么回事时，看着我不好意思地笑了，我也无奈地笑了。没多久，《赤峰日报》在1993年10月8日、15日、23日、30日分四期连载了变成四篇文章的论文，这个带有"官职制度"的标题赫然出现在1993年10月15日的《赤峰日报》上，也就成了一个无法弥补的历史错误了。

有意思的是，杂志之间因为刊登《耶律羽之及其族氏考析》一文也出了一件麻烦事。1994年初，我先后收到《内蒙古社会科学·文史哲版》1994年第1期和《前沿》1994年第1期两份杂志，两份杂志第1期分别全文刊登了《耶律羽之及其族氏考析》一文。我当时很纳闷，我没给这两家杂志社投稿，他们怎么发了我的稿子？还没等我弄明白怎么回事，我几乎同时收到两家杂志编辑部的批评信。信中相同的意思是：他们的杂志已在1994年第1期刊登了我的论文，刊物出版后发现另一家杂志也在1994年第1期刊登了此文，对我一稿多投行为进行批评。不同的处理结果，一家杂志社是"取消稿酬，以示教育"，另一家杂志社是"取消稿酬，并一年内不许在本刊发稿，以示教育"。这是怎么回事？怎么都扎堆在第1期上发表呀？如果有一家第 1 期发了，另一家看到了也就不会发了。我突然想起了赤峰那次研讨会，莫名其妙中我翻开了出席中国古代北方文化国际学术研讨会的代表名册，查到这两家杂志社确实都有代表出席这次会议。当时所有作者的论文都分别装入文件袋里，与会者人手一份。还有记不清数量的个别索要文稿的，是否刊用或想作何用，基本都没和我打招呼。实在不是我"一稿多投"，而是"一稿多拿"、"一稿多用"。弄清情况后，我马上给这两家杂志社写回信，信中只能做些当时情况的解释说明，不能强词夺理，主要是虚心接受批评、认真检查、诚恳道歉。为证明我说明的情况的真实性，我把出席中国古代北方文化国际学术研讨会的代表名册复印件也随信寄去。我坦白、诚恳的态度得到这两家杂志社的理解，在此后的时间里，都能正确处理我的稿件。就在给这两家杂志社复信期间，我又收到《辽海文物学刊》杂志社拟用此稿的函，好在这是事前打招呼，我立即回信，告知已有两家杂志刊用此稿，请千万千万别再刊登此稿了。此后还陆续接到一些要求刊登这个稿子的电话，都被我一一谢绝了。但后来还是发现有些报刊没和我联系就直接刊用此稿了，好在没惹出大的麻烦。

1995 年 9 月，中国文史出版社出版了《中国北方古代文化国际学术研讨会论文集》，从会上收到的 61 篇论文中选出 40 篇结集成书，我的论文以《耶律羽之墓志及相关问题初探》为题被收入其中。之后，还陆续发现有些辽金史研究书刊全部或部分收入了该文。

二

参加这次研讨会，接触到考古界的一批名流，近距离地向他们请教，我受益匪浅。加之会前集中精力准备论文时的钻研思考，觉得不管对文物考古专业的了解，还是对继续深入探讨的兴趣，以及对当地历史上发生的重大事件弄清楚的责任感，都较之以前大大加强和提高了。在一些外行人看来我好像比较内行了，在一些考古界的专业人士看来，好像已似懂非懂或略知一二了，但自我感觉只是刚刚入门而已。

出席完学术研讨会，前后发表了两篇文章，把"问"的事回答了，把"逼"的事也做完了，应该说压力减轻了，可以将此题目束之高阁放到一边了。

世界上有些事偏偏身不由己，有时真是自己当不了自己的家。在我自我感觉入门之后，兴趣却有增无减。对研究耶律羽之这件事一直也放不下，总觉得事情并没做完，或者远远没有做完。前两篇文章只研究了墓志及其墓主人的主要问题，对比整个墓志来说，还只是掌握了部分而不是全部，是零散的，不是完整的。虽然《考析》一文写了7000多字，但对整个墓志来说只像盲人摸象一样，只摸到大象身体的几个部分，而不是大象的完整身体。况且自己心中明白，在研究过程中自觉不自觉地存在着避繁就简、知难而绕的现象，对一些一时搞不明白的东西有意避开不说。虽然因知识不足、时间紧迫情有可原，但冷静思考，又觉得对耶律羽之墓志、对耶律羽之其人有不负责任的内疚感。而且现在又不受时间限制，可以用放松的心情较从容地认真研究思考。于是又有了新的打算：就是以墓志上的1210个字作为完整的目标，全面进行考证分析，争取一字不漏地全面搞清楚，并且以现代汉语向社会大众说明白，向世人交一份全面清晰完整的研究成果。

这样自己再次确立了新的目标，就是接着前两篇文章方向继续深入，再搞出一篇全面完整的文章。初步把这篇文章题目定为《考释》，意思是要对墓志全文进行全面、完整、详细的考证解释。

对比前两篇问出来的"考略"、逼出来的"考析"写作动机或动力来讲，这篇"考释"与前两篇有本质上的不同。前两篇那都是被动而为之，是外部压力促成的。而这次确定的"考释"，可是自己没事找事，是自加压力，是一种完全的主动行为。我当时在旗里工作，住在较偏远的县城，受地域和文化等条件限制，在那个范围内对考古真正熟悉的人很少，找人求教是很难的。加之那个时候还没有网络这个条件，不能像现在这样在网上查资料，只能查书本资料，而旗图书馆和档案馆考古之类的书几乎没有，只能靠自己买。那时也没有网购，只好向外地一些大的出版社写信询问，如果有，再通过邮局汇款邮购。搜集到的一些书籍资料，有些一时看不懂，也只好硬着头皮看，在夜深人静时独自思考、反复琢磨。按着北方的说法就是靠自己一个人"憋"。自己相信，在不动摇、不后退的情况下，靠着一股"憋"劲，一定能在山重水复中"憋"出个柳暗花明，最终会"憋"出个理想的结果来。

1996年下半年，我被调到中共阿鲁科尔沁旗旗委任副书记。党委工作相对政府工作而言具体事务要少一些，时间相对宽松一些。加之我个人业余爱好比较少，各种牌都不会、各种球都不打，使非常有限的业余时间被充分利用起来，看看书、写点东西，这对于连续几年研究一个课题是很有好处的。

要给耶律羽之墓志写一篇诠释的文章，对一千多年前的这篇文字一字不漏地进行考证、分析、解释，再用现代汉语向社会大众交代清楚，对我这个既不是从事文字工作，更不是搞考古研究和古文字研究的人来说的确是件十分困难的事。

我从没见识过专门从事考古工作的专家是如何开展工作的，自己只能跟着感觉来，自己探路自己走。我把那一千多年前的蓟人邢明远撰文并书写的1210字的墓志拓片和我抄写的第一份手抄稿两件东西作为工作对象。借助近几年为研究这个题目而收集到的各类资料，特别是这个题目所用得到的各种古文字工具书统统集中到一起摆布利用。查字典、找资料、做卡片，日积月累，不断进行探索，随时积累素材。

我自己设计了一条分辨字、断句、释义三个阶段的研究路线，但在真正的研究实践中三个阶段又不是截然分开的，而是相互联系、相互交叉的，有时三个阶段的顺序甚至是相互颠倒的。

经过前两篇文章起草过程中的辨认研究，对墓志的1210字绝大部分能够确认无误了，也在文义破译中能运用得通顺。但仍有3个字需个别推敲，这又不能孤立地去辨认某一个字，而必须将其放在文字的具体语言环境中来分析，根据上下文义来看这个字在这里要表达的含义，再确定是个什么字，应该怎么读、怎么理解。

第一个是"兮"字。从字的写法上看，我认为应确认为"兮"xī（西），也有的学者认为应确认为 fēn（分）。先分别看看这两个字在古文和现代文中的意思。如确认为"兮"xī（西），从《说文解字》、《康熙字典》等古文字工具书里可查到基本一致的解释："兮，语所稽也。从丂八，象气越亏也。"相当于现代汉语里的"啊"和"呀"。在古代诗词赋中充当助词，放在句末或句中，起舒缓语气的作用，无实际意义，多见于韵文。如："路漫漫其修远兮，吾将上下而求索"。如确认"兮"为"分"，其读音有两种，即读一声 fēn（芬）或读四声 fèn（愤）。读一声 fēn（芬）时的基本字义有七项：一为区划开，如分开、划开等；二为由整体中取出或产生出一部分，如分发、分忧等；三为由机构中独立出的部分，如分会、分行（háng）等；四为散、离，如分裂、分离等；五为辨别，如区分、分析等；六为区划而成的部分，如二分之一等；七为一半，如春分、秋分等。读四声 fèn（愤）时的基本含义有两项：一为名位、职责、权利的限度，如身分（身份）、分内分外等；二为构成事物不同的物质或因素，如成分、情分等。

再看这个字所处的语言环境和上下文义。墓志铭第一个自然段主要是综合评价议论，之后开始叙述耶律羽之的家族世系。"公讳羽之，姓耶律氏。其先宗兮佶首，泒出石槐"。我认为这个字应确认为"兮"xī（西），为语气助词，此句翻译为"他们的祖先啊，是佶首可汗"。使人读起来有顿挫感，表示庄重和尊重。而如果读 fēn（芬）或 fèn（愤），那"其先宗分佶首……"，解释为他的祖先是从佶首可汗那里分出来的，或他的祖先是佶首可汗中的一份子，意思上虽无太大差别，但在文义上总觉得不太通顺。我一直主张"兮"应读作 xī（西），在这里就是个语气助词，如人们熟知的先秦《易水歌》中"风萧萧兮易水寒，壮士一去兮不复还"的"兮"字一样，诗句中没有"兮"字，意思不会有任何改变，放上"兮"字使人读起来抑扬顿挫，渲染了荆轲刺秦王出发时那苍凉、悲壮、慷慨的气氛。

第二个是"泒"字。"泒"是这句话后半句的第一个字。有的学者认为这个字应确认为"派"pài。我认为应确认为"流"liú。经查阅，多部古汉字工具书如《说文解字》、《康熙字典》中，均说明"泒"是"流"字的异体字，"流"字的异体还有"沇"等。从语境和文义上看，"泒出石槐"是说耶律氏或契丹民族的源流出自鲜卑的檀石槐，契丹族是鲜卑族的后裔，这已成了无需争论的问题。在接触过的类似的墓志中也有"玉树分枝，银河析泒"的句子。如把这个字确认为"派"pài，直观觉得字形结构上差别很大。现在在电脑上用搜狗拼音输入法输入拼音liú和pài时，"泒"字都会出现。在"在线新华字典"上对"泒"字也有pài的注音，其解释为："泒"古同"派"，水的支流。这个"泒"字现在属于多音字，一读liú，二读pài。"流出石槐"与"派出石槐"从含义上都说得通，是说契丹的源流、根本出自鲜卑檀石槐，契丹族是鲜卑檀石槐那个主流中的一个支流，两种读音对字义的解释基本一致。所以现在该字既可读liú（流），又可读pài（派），其在文中的意义殊途同归。

第三个需辨认推敲的字是"吽"，这个字在《汉语大字典》、《说文解字》、《康熙字典》等汉语工具书中都查不到。与这个字相似的有"吽"和"吽"两个字。其中"吽"读作ǒu（偶），解释是："和吽也"。"吽"读作hōng（轰），解释是：为佛教"六字真言"之一。"吽"表示金刚部心，是祈愿成就的意思，必须依靠佛的力量，才能循序渐进，勤勉修行，普度众生，成就一切，最后达到佛的境界。再来看这个字所处的语言环境，墓志中说，耶律羽之"夫人重衮，故實六宰相之女也，升天皇帝之甥。淑德传芳，柔仪显誉。深谐瀚濯之规，颇吽丝萝之義"。对照两个字形相近的字的字义解释，认作"吽"，读hōng（轰），作为佛教"六字真言"的解释与文义相去甚远；认作"吽"，读作ǒu（偶），作"和"解释与上句中的"谐"字对应。《康熙字典》对"谐"字的解释是："耦也，合也，调也。"可发现上下句对应两字的意思基本相同，都是"和"、"合"的意思。所以"吽"可以确认为"吽"字的简化手写，读作 ǒu（偶）更切合文义。

三个字基本辨别清楚之后，断句中还有两处颇费周折、举棋难定。一处是墓志中说，在天显四年（公元 929 年）耶律羽之奉人皇王耶律倍之命，向皇帝耶律德光进奏表章，建议把东丹国的国都迁到辽阳。原文是："公即陈辽地形便可建邦家於是允协帝心爰兴基构。"这段话断句曾出现两种方案。第一个方案是："公即陈：辽地形便，可建邦家。於是允协帝心，爰兴基构"。第二个方案是："公即陈：辽地形便，可建邦家於是，允协帝心，爰兴基构"。两个方案的焦点是"於是"二字怎么用、怎么解释。按第一方案"於是允协帝心……，"把"於是"为现代汉语中的连词用，是表文后一事紧接着前一事，如"村委会发动村民积极学习现代农业技术，于是一个个学习小组就自发地组织起来了"。在这个志文中的解释就成了：耶律羽之向耶律德光皇帝建议，辽地形便，可建国都，于是乎或因此、从此就和德光皇帝的意愿和洽了。按第二方案，对"於是"按文言文解释，把它当做文言文中的两个虚词连用。单独解释"於"为介词，是"在"和"从"的意思。"是"为代词，是"这"、"此"、"那"的意思。如"黔驴之技止於是，君王用意徒为尔。"（王冕《宣和殿画驴图》）我取第二个方案："公即陈：辽地形便，可建邦家於是，允协帝心，爰兴基构"。在这个志文中的解释就成了：耶律羽之向耶律德光皇帝建议，辽地形便，可把国都建在那里，正好与耶律德光皇帝的心愿和洽一致。考虑到一千多年前的撰文人蓟门邢明远不会把"於是"两字按今天的汉语语法做连词用，而应该按当时的语法（一千多年前当然是古文了）做介词和代词连用。另外从语境上分析觉得第二种断句方案更符合文章本意，故坚持了第二种断句方案。

断句中第二处举棋难定的地方在序文末尾铭诗（古时叫诔文）之前。其原文是："仲子阙等於哀酷之余攀号之际虑人移世改谷变陵迁徽猷不振于将来，盛德篯闻于远裔，乃勒贞石，用传不朽。"在我写作本文过程中，已见到有学者为此处断句，其核心地方为"虑人移世，改谷变陵……"。如果就这八个字而言，这样的断句似乎也能解释通，其意思是：考虑人已转移到另一个世界了，改山谷变陵园。但把这段文字进行总体分析，感到似乎作者本意并非如此。这里断句的核心是"虑"字如何解释、如何用。查阅文言文工具书，"虑"有三种用法：第一种做动词用，为考虑、思虑、打算的意思；第二种做名词用，为心思、心意的意思；第三种做动词用，为忧虑、担心的意思。这段文字其实就是说明制作这个墓志的目的。我这里对"虑"取第三种用法，做动词，为忧虑、担心的意思。我所取断句方案为："仲子阙等於哀酷之余，攀号之际，虑人移世改，谷变陵迁，徽猷不振于将来，盛德箴闻于远裔，乃勒贞石，用传不朽。"说耶律羽之的二儿子耶律阙等亲属在极其悲痛的情况下，在号啕痛哭的同时，冷静下来思考，忧虑担心若干年后人世推移、地形变化，相国的功绩品德不能传播下去，甚至连后代子孙也不知道这里埋葬的先人的事迹了。于是决定选一块精美的石头，把相国的家族世系、生平事迹都刻在这块精美的石头上，制成墓志，随相国的遗体一起埋入地下。将来不管怎么时过境迁，不管是陵墓遭到人为破坏，还是由于自然灾害造成地形变化陵墓损毁，坚硬的石头与刻在石头上的文字是不会烂的。不管什么时候、什么情况下，只要人们发现了这块石头，看到上面的文字记载，对这个伟大的墓主人的光辉事迹就全清楚了，太傅相公的英名就会永世流传下去。我觉得对这段文字这样断句应是正确的，于文理、事理及墓志制造者的心理都是能够说得通的。

通过对这段文字的分析理解、研究推敲，不自觉地引起我对古人为死者树墓碑埋墓志的一番思考。树碑为了什么？树了碑为什么还要在墓穴里再埋进墓志？二者的作用、功能有什么区别？有什么不同的分工吗？

原来，从古代起，随着文明的发展、丧葬习俗的逐渐形成，人们开始给死去的亲人造墓，即把死去的人的尸体挖墓穴埋入地下，在地表上堆上封土，称为坟墓。并在规定的祭日到坟上进行祭奠，以寄托对逝者的哀思，这也是对祖先神崇拜的最初形式。对于逝去的亲人的坟墓，一两代人或几代人还可能记得清楚，如果年代久远，特别是如果经历迁徙或者战乱，祖坟在哪里就不一定记得清楚了。记不清祖坟的准确地址、位置，后代子孙想祭祖找不到祭奠的地方，迁往远方的后代子孙想认祖归宗也无处可认、无处可归了。为了解决这个问题，古人们逐渐想出一些办法。开始时，人们在死去的亲人下葬以后，在堆封土筑坟墓的同时，在墓前插上木桩或竹竿，上面写上死者姓名和生卒年月，作为标志。有了明显的标志，做到了墓有其主，在规定的祭日到坟上进行祭奠就容易找了。但木材和竹子经日晒、雨淋、风吹容易腐蚀、损坏，保留不了太久这些竹木便朽烂消失了，坟墓便又没有标志了。人们便再想办法，用石柱代替木桩和竹竿，在石柱上刻上死者的姓名和生卒年月等，石头不会腐烂，保存年限比竹木要长得多了。随着人们对碑上刻字数量的要求不断增加，石柱又变成了长方形。文字的数量和内容也大大改变，不仅刻上逝者姓名、生卒年月，还要刻上其身份、生平业绩、立碑人的姓名和与死者的关系等，所以墓碑的体积也在逐渐增大。据考证，我国从汉朝以后，刻碑已渐成风气，隋唐时期更加盛行，之后，造墓立碑遂成定式。

大约从西晋时期开始，兴起了随葬埋墓志的习俗。大概一是受刻字空间的限制，墓碑毕竟表面积有限，不能尽情书写死者的家族世系及一生的业绩，需扩大石料的体积。二是虽然石头比竹木坚韧耐久，但立在地面上，必然也要受到风吹、日晒、雨淋、雷击等自然侵蚀和损坏，也容易遭到人为破坏，使之毁损或灭失。人们就想办法搞一个更大、更平、更方的石板，能刻更多的文字。为加强保护，后来又搞成下底上盖的形式，底刻志铭，盖刻标题，刻好之后盖底相扣，随墓主人遗体一同下葬埋入墓里。因为墓志比墓碑容纳的文字多，所以除了要写墓主人的姓名、生卒年月这些基本内容外，一般还对墓主人的家族世系、个人生平事迹作出具体描述，为增强文采，还引用典故，运用韵语、颂词，采用四六骈文等风格对死者进行褒扬。

这样，墓碑立在墓外面，墓志埋在墓穴里，一里一外，一明一暗，墓碑在一定时期内起作用，墓志可以永远起作用，这好似成了墓志产生的原因或叫墓志的起源。但也有些学者主张墓志的起源是因为魏晋时期朝廷下了一道法令，禁止在墓地地表树立石碑，上有政策下有对策，为了回应这一法令，人们遂将石碑转移至地下，并增大体积、扩充内容，将其和死者尸体一起埋在墓中，说墓志是应朝廷这一法令之运而生的。

不管怎么说，墓碑的作用很明显，就是坟墓的标记，标明墓主人是谁、是什么时候生的、什么时候死的、是谁为他树的碑。

那墓志埋到墓里起什么作用呢？它什么时候、在什么情况下才起作用呢？这就使人分析出制作和埋设墓志人非常矛盾的两种心理，或者是两种根本对立的心理。大多为逝者建墓树碑埋志的人，都把墓穴挖得深些、坟墓建得坚固些，希望永远不被人破坏、不被人发现。但从他埋墓志的动机分析，在他的潜意识里、在他的内心深处对墓葬迟早会被发现像是有所预料的，不然埋墓志做什么？一般说来，在逝者家族昌盛、子孙正常繁衍的情况下，或有族中人守墓，或者雇人看护，墓和树在墓前的碑都会得到保护，坟墓更不会受到破坏和盗掘。墓志当然只能沉睡在墓穴里的地下深处，不见天日，也就发挥不了作用。一旦家族势力衰落，子孙乏人或远走他乡，或因战乱破坏，或遭自然灾害侵袭，或因年代过于久远，墓葬地表设施荡然无存，没有了痕迹，一般人已经无法知道这里的地下有坟墓了。斗转星移，沧海桑田，若干年后，或者经考古发掘，或者被不法分子盗掘，或者由于自然灾害，如地震、洪水等使墓穴暴露，这时墓志才有可能被发现，或许会重见天日，也只有在这时墓志作用才得以发挥。才使后人通过墓志知道墓主人是谁、是什么样的人物、生于何时、死于何时、家族世系怎样、生前做了哪些事、有哪些子孙，后人无从知道的事才会大白于天下。这全靠那块墓志，那块精美的石头来说话。

照此说来，当初建墓人对其为逝者建的墓葬，既希望永安、永固，永远不被发现、永远不遭破坏，同时又对墓葬迟早会被发现，甚至会遭到破坏都在预料之中。埋在墓穴里的墓志的作用，就是为了若干年后墓葬被人发现或遭破坏暴露时，担心那时的人们对关于这个墓的事情弄不明白而做的充分准备。也可以说，墓志就是为后世墓葬发现者、发掘者甚至盗墓者了解墓葬情况事先做的准备，是为死者做的身份证明和对当时盖棺定论留下的"石证"。

三

在耶律羽之墓志和《辽史》羽之传中叙述的耶律羽之的生平业绩里，都着重记载了耶律羽之按人皇王耶律倍的旨意，向耶律德光上奏本章，建议将东丹国都迁到梁水之地即今辽阳一带，得到耶律德光的赞许，并由耶律羽之具体负责完成迁都大业，使原渤海国臣民回到渤海故地，既使这些人民安居乐业，又获木铁盐鱼之利，国家的统治得到加强，社会渐趋安定。不管是在《辽史》里，还是在出土的耶律羽之墓志中，这都是记载的耶律羽之的重大业绩之一。

先看看耶律羽之墓志中的记载，墓志中说："以天显四年己丑岁，人皇王乃下诏曰：'朕以孝理天下，虑远晨昏，欲效盘庚，卿宜进表。'公即陈：'辽地形便，可建邦家扵是。'"再看看《辽史》中的记载，耶律羽之向太宗皇帝上表曰"……遗种浸以蕃息，今居远境，恐为后患。梁水之地乃其故乡，地衍土沃，有木铁盐鱼之利。乘其微弱，徙还其民，万世长策也。彼得故乡，又获木铁盐鱼之饶，必安居乐业"。"梁水"即太子河，指今辽阳一带。从墓志中的"虑远晨昏"到《辽史》中的"梁水之地乃其故乡……乘其微弱，徙还其民……"都说的是在大契丹国灭渤海国时，把渤海国臣民远迁外地，现在视其形势，把东丹国都迁到辽阳，同时把迁到外地的渤海国臣民迁回辽阳一带，那里是他们的故乡，自然条件又好，他们一定高兴，并会安居乐业，对国家、对百姓都有好处。

我们知道，《辽史》是元朝脱脱等人撰写的。从元至正三年（公元1343年）四月开始修撰，第二年（公元1344年）三月成书。对一个执政二百多年的王朝的历史，只用不到一年的时间就修成了，实在有些仓促草率。《辽史》成书距公元1125年金灭辽国已219年了。距耶律羽之助人皇王把东丹国都从忽汗城迁到辽阳已相隔402年了。尽管《辽史》疏粗，但对耶律羽之助人皇王迁都这件事却记载很详细。耶律羽之墓志刻于契丹会同五年（公元942年），正是中原的五代十国时期，这时"迁都"的事刚刚过去14年，应视为当时的人记下了当时的事，相比之下，可信度应该更高些。

对这样一个文献和文物都重点记载的重大历史事件能有讹误吗？

近年来，随着辽代考古不断有新的发现、辽史研究的不断深入，《辽史》记载中的一些事情不断被新的考古发现所质疑，一些专家对《辽史》记载中的一些错误提出了新的证据。

在耶律羽之墓志和《辽史》羽之传中都有记载的耶律羽之业绩之一的迁都梁水，即将东丹国都迁到今辽阳这件事上，辽史专家冯永谦先生经过几十年研究，提出了新的观点，严肃指出这件事《辽史》记载中的错误。

冯永谦先生认为，从契丹人一进入辽东就搞错了辽阳的位置。史载，辽太祖阿保机天显元年（公元926年）灭渤海国后，在辽阳设立东平郡。天显三年（公元928年）辽太宗耶律德光升东平郡为南京，府名辽阳。后来由于辽国的疆域不断向南扩展，就把南京的名称让给现今的北京，府名析津，辽阳改为东京，是大辽国除上京外创建的第二个重要陪都。但辽太宗错误地认为这里就是汉代的辽阳城故址。冯永谦先生认为，真正的汉代辽阳城故址在今辽宁省辽中县茨榆坨镇偏堡子村，而耶律德光所认为的辽阳城也即是今天的辽阳城在汉代叫"襄平城"。契丹人一进入就搞错了辽阳的位置，错把汉代襄平城当做辽阳城，此后整个辽王朝二百多年一直也没搞清楚，再到元朝人脱脱修《辽史》便照搬载入史册，直到今天的辽阳，仍是辽太宗错认定的那个辽阳，使这一历史问题成了一笔永远的糊涂账。这是冯永谦先生指出的第一个错误。

冯永谦先生指出的第二个错误是，辽阳所辖范围根本就不是"渤海国故地"。他指出，根据考古最新发现可以得出结论：渤海国的南部国界应止于辽宁中部地区的开原、新宾一线，渤海国的疆域从来就没把辽阳包括进去。至于"东丹国迁都辽阳，使渤海国人返回故乡"，冯永谦先生认为也是错误记载。事实应该是辽国在辽地建城市，强行把部分渤海臣民迁来居住。因为辽阳不是渤海人的故乡，所以渤海民众根本不愿背井离乡迁徙到那里居住。辽国就采取高压政策，强行迁徙。逼得有些渤海人不得不逃往女真，有些则"保聚方隅"，即一些渤海人就汇集到边疆角落之地，聚众守卫，以抵制和躲避强迁。耶律德光又下诏说渤海民困乏不能迁的，准许契丹富民给赡而隶属之，采取焚毁民宅等种种残酷办法强制搬迁。通过高压手段的强迁，终使大规模的迁民之举得以实现。渤海民众迁到辽东，置于契丹王朝统治者严密监管之下。辽东一带经济因人口增多而有所发展，逐渐显现繁荣之景象。但是，原东丹国的核心地带已不复见昔日的繁盛，不少地方变成荒烟蔓草之区。将大量渤海臣民强迁到辽东这一举措，不但实施时遭到反抗，还为后来的治理埋下了祸根，使这个地方成了有辽一代动乱频发之地。

冯永谦先生的观点与耶律羽之墓志和《辽史》羽之传中记载的这一历史事件的情况截然不一样，也许耶律羽之墓志和《辽史》羽之传所依据的资料属当时的官方文字，所持观点都属官方口径，与民间实际情况大相径庭。这两种观点究竟孰是孰非，还有待辽代考古的更多发现和考古工作的不断深入来进一步证实。

四

用"考释"的标准写这篇文章，实感力不从心，虽然几易其稿，历经多个寒暑，却迟迟不敢定稿。这期间我曾请很多人帮助看写出的文稿，对他们提出的意见，凡有益者都尽量采纳。

如我曾邀阿鲁科尔沁旗教师进修学校校长李树民同志、阿鲁科尔沁旗成人教育中心的宋化民老师提意见，他们都非常热心，帮我认真审读文稿，坦诚提出意见。尤其是宋化民老师擅长古文字文学研究，他在断句释义方面提出的意见都很独到，对后来定稿起到了重要作用。

文章写起来难，打印制作也很难，一些古文字特别是异体字现在的电脑是打不出来的，多亏了旗委办公室打字室的丁贵华、雷宏等几个小伙子，他们启动造字功能，照墓志上的字样造字，按墓志的格式排版，才把手写稿变成了打印稿。

文章基本定稿在1997年，但却一直没敢正式发表，只是放于案头一隅，偶然翻弄品味、推敲、琢磨，随时发现问题随时修改。

2001年7月17日至22日，"中国古都学会2001年年会暨赤峰辽王朝故都历史文化研讨会"在赤峰召开。会议组委会邀请我出席此次会议，并要在会上发表论文。当时我正在赤峰市元宝山区区委书记任上，工作十分繁忙，难以脱身，对一些学术会议不敢随便参加，还是会议组织者请示了市委领导，同意后，通知我带论文出席会议。

会议之所以在赤峰召开，主要是因为，自公元907年辽王朝政权建立到公元1125年金灭辽，与北宋共存达200多年，终辽一世，其统治中心始终在今赤峰地区。辽上京遗址、辽中京遗址、辽祖州城遗址及辽祖陵、辽庆陵等一系列辽代重要遗存都在赤峰市境内。这次研讨会主要围绕发祥于今赤峰市的契丹民族及其所建立的辽王朝的历史文化、政治制度、都城建置及其他方面的一些问题展开讨论和交流，对学术界深化认识辽王朝的历史文化面貌、内涵、性质、价值等都产生积极的推动作用。会议标志着我国古都学研究在进入21世纪后正向纵深发展。

出席这次大会的专家学者共150多人。其中特邀知名专家学者17人，有来自北京、南京、西安、洛阳、开封、杭州、安阳七大古都及来自上海、山西、山东、河南、江苏、四川、广东、甘肃、内蒙古等省市自治区的其他古都的代表66人，有赤峰古都学会及有关部门代表67人。国家文物局文物保护司司长杨志军、内蒙古自治区文化厅副厅长赵芳志出席会议。赤峰市市长高延青率几大班子领导到会祝贺。中国考古学会副理事长张忠培先生、中国社会科学院考古研究所所长刘庆柱先生、《中国文物报》总编李文儒先生、辽史专家苏天钧先生及历史地理学家陈怀荃先生等应邀参加此次年会。

7月17日上午举行大会开幕式。中国古都学会会长朱士光教授致开幕词，这位全国古都研究领域的领军人物，对赤峰的古都地位予以了充分肯定。他说，本次会议之所以在赤峰召开，主要是因为，自古至今，赤峰的历史文化内涵十分丰富，不同历史时期之生态环境变迁也极具典型性，已成为近年来多个学科专家学者十分瞩目之地。就历史文化而言，赤峰地区汇聚着灿烂的新石器时代红山诸文化、发达的青铜时代文化与辉煌的辽文化，其中又以辽文化最具区域特征，这当然主要是因为赤峰地区是辽王朝两座主要都城——上京临潢府（今赤峰市巴林左旗旗政府所在地林东镇南）与中京大定府（今赤峰市宁城县大明镇）所在地。特别是上京临潢府，自辽太祖耶律阿保机神册三年（公元918年，后梁末帝贞明四年）建为国都以后，作为辽五京之首，直至辽天祚帝保大二年（公元1122年，宋徽宗宣和四年），作为辽王朝政治中心长达204年。继而又作为金王朝的陪都长达百余年。就其为都的时间之长来说，仅少于西安、北京、洛阳、南京、开封、安阳、成都、银川、江陵、杭州等古都，排名第十一位。如果我们打破传统的中国历史朝代更替之谱系，从辽王朝与北宋、西夏等同时并存的几个政权的实力对比论，辽王朝实处于当时之主导优势地位。这表明辽都城，特别是辽上京在当时中国政治活动格局中，具有举足轻重的作用。由此可见，深入研究辽故都与辽文化不仅对研究赤峰地区历史文化，而且对研究辽王朝时期我国之历史文化具有重大意义。这次全国古都学者在这里聚会，正可通过实地考察与会上、会下的广泛交流，对辽故都与辽文化进行一次广泛深入的研讨。还将在集中深入研究辽故都与辽文化的同时，对如何进一步做好古都文物遗址的风貌保护及古都文化资源开发利用问题进行新一轮的探讨。朱士光教授的一席话对赤峰市在古都界的地位起到了定位、定音的作用。

　　赤峰市人民政府市长高延青致贺词。这位后来担任内蒙古文化厅厅长、全国政协委员的文人市长，热情洋溢地介绍了赤峰的自然人文景观特点，介绍了赤峰多彩的历史文化。用丰富的事实向大会说明，赤峰是中华文明的重要发源地之一、赤峰是全国历史文化类型最为丰富的地区之一、赤峰是历史上各时期文化遗存众多的文物大市之一、赤峰是古都学研究的重要地区之一。

　　中国考古学会副理事长张忠培先生讲话。他指出内蒙古东部是一个历史文明的重要板块，是农业文明与畜牧业文明的交错地带，赤峰是两类文明的重要地区，是历史上民族迁移的策源地。

　　中国社科院考古研究所所长刘庆柱先生的讲话扼要明了地阐述了古代都城研究的重要性与辽上京在中国古都的地位。他说，中国古代都城研究的重要性、必要性主要表现在三个方面：首先，一般讲古代都城是古代王朝政治、经济、文化的中心，因此说古代都城是古代王朝历史的缩影。第二，人类的起源与文明的形成是人类历史最重要的两大科学课题。人类的起源是世界十大自然科学课题之一，文明的形成则是人文社会科学最重要的课题。涉及文明形成的界定，有的学者提出"城市"、"文字"、"金属器"三要素说，又有的增加了"玉器"、"礼制"、"王陵"要素，成为六要素说。不论是三要素说还是六要素说，一般都认为"城市"是最重要、最关键的要素。第三，古代都城是古代世界不同文明比较研究的最重要历史载体。考古学研究证明，各地自然地理环境不同、生产方式不一、人们的信仰各异，这些在各自的都城上反映最为突出。东方的中国古代早期都城属于政治性城市。以农立国的中国古代国家，血缘政治占据国家统治的主导地位。反映在都城布局上，是"宗庙"高于"神庙"。

　　关于辽上京在中国古代都城发展史上的重要性，他说，中国古代都城发展是从中原扩及西方和北方的。中古时代晚期，中国古代都城完成了由西向东、由南向北的转移，辽上京是这一都城转移历史的里程碑。这是"北狄"文化全面与华夏文化融合的开始，也是华夏文化完整、成熟的历史性标志。从辽上京到元大都，再到明清北京，这里作为这一阶段中国古代历史的中心，有着深厚的历史、文化积淀。中古时代晚期，辽上京的建立是环渤海文化区成为中国古代文化中心的前奏，是大一统国家都城——北京走向中国政治舞台的第一步，这才是研究辽上京和辽文化的真正意义。

国家文物局文物保护司司长杨志军发表讲话，对古都学会成立多年来的工作予以充分肯定，对召开的 18 次年会及学术研究上所取得的成果给予高度评价。

7 月 17 日下午和 18 日上午进行大会交流。共有 20 位学者发言。所有发言学者都从不同角度展示自己对古都和古文化研究的最新成果，观点新颖、内容充实、信息量很大。在这里我不能一一列举，只对给我较深印象的几位略述一下。

北京市社科院尹钧科研究员的发言，系统列举了我国塞北古都的分布，呼吁切实加强对我国塞北古都群的研究。他指出，西晋以后，匈奴、鲜卑、羯、氐、羌五个北方少数民族势力纷纷南侵，史称"五胡乱华"。他们的首领或在中原，或在北疆，或在河西走廊，先后建立了 16 个割据政权，持续了百余年，就是中国历史上的"十六国"时期。在这一历史时期及其以后，我国塞北出现了一批都城，主要是：

盛乐，在今内蒙古呼和浩特市和林格尔附近，是鲜卑拓跋氏建立的北魏王朝的早期都城。

平城，在今山西省大同市，始为北魏南都，至北魏太祖天兴元年（公元 398 年）成为北魏首都。

龙城，在今辽宁省朝阳市，是鲜卑慕容氏所建燕国（前燕、北燕）的都城。

统万城，在今内蒙古自治区乌审旗南、陕西省靖边县北，是十六国时匈奴夏侯氏赫连勃勃所建夏国都城。

渤海国五京，渤海国是唐万岁通天年间粟末靺鞨首领舍利乞乞仲象建立的一个民族政权。所设五京其中上京龙泉府在今黑龙江省牡丹江市以南宁安县境,是渤海国首都;中京显德府,在今吉林省敦化市北;东京龙原府,在今吉林省珲春市;西京鸭渌府,在今吉林省临江市南;南京南海府,在今朝鲜人民民主共和国的咸兴市。

辽代五京,辽国是契丹族建立的政权。所设五京,其中上京临潢府故址在今内蒙古自治区巴林左旗,东京辽阳府故址在今辽宁省辽阳市,南京析津府故址在今北京市,西京大同府故址在今山西省大同市,中京大定府故地在今内蒙古自治区宁城县。

西夏国都兴庆府,西夏国是党项羌赵元昊建立的政权,其国都兴庆府即今宁夏回族自治区银川市。

金代六京,金国是辽末崛起于东北白山黑水间的女贞完颜部建立的政权。六京中有四京延用辽制,只是把辽南京先改为燕京,后又改为中都;把辽中京改为北京;北京改为上京,府曰会宁;又把北宋汴京改为南京。至此金六京为中都大兴府、上京会宁府、东京辽阳府、北京大定府、西京大同府、南京开封府。六京中除中都和南京在塞内,其余四京皆处塞外。

元代的上都与中都,金末铁木真统一蒙古各部,成立蒙古帝国后改国号为元朝。先在今内蒙古正蓝旗境内建开平府,中统四年(公元1263年)"升开平府为上都"。至元九年(公元1272年)改"中都"为"大都"(今北京市),"大都"成为元朝的首都,上都成为陪都。

尹钧科教授指出,这些古都都是北方先后强盛起来的少数民族建立的政权设置修建的,代表着北方不同少数民族的历史文化,是我国古都群中的重要成员。特别是辽上京、中京、东京、西京,金上京、北京、东京、西京,以及元上都等古都,在中国近千年来的历史上都占有重要地位,产生过重大历史影响,成为我国国都由中原转移到北京来的最主要的政治因素和推动力量。

内蒙古宁城县辽中京博物馆馆长李义先生在发言中对辽中京产生的原因进行了分析,对辽圣宗新建中京城的目的作了探讨。李先生认为,当时辽国虽然颠覆后晋进军汴梁,但深感入主中原的企图难以实现。北宋欲收回燕云十六州，但伐辽受挫。双方都感到吞灭对方力不从心。对北宋来说，无力以军事手段收回燕云十六州。对辽来说，自感无力取代宋朝，统治这个庞大的国家。双方遂于北宋景德元年、辽统和二十二年（公元 1004 年）订立和约，史称"澶渊之盟"。北宋再无心北伐，辽也放弃了入主中原的念头，"澶渊之盟"换来了双方疆界较长时间的稳定。辽改变了向南攻城掠地开疆拓土的方针，开始致力于本土的统治。这时辽北有上京扼控大漠部族，南有南京以治幽、云人，东有东京统治渤海人（此时云州还未升为西京），唯独上京与南京千里之间未设城池，甚觉空虚。这里是奚王牙帐地，是农耕文化与畜牧文化的交汇地带，是契丹统治区汉人较为集中的地区，同时还有奚、室韦等少数民族生活在这里。加之这里地势平坦开阔，又处于后来五京之中心位置，是南京通往上京、东京及东北地区的咽喉要冲。对这一带，辽国的统治力量薄弱，上京、南京都觉鞭长莫及。

基于此，契丹最高统治者动意在此建城，强化这一带的统治力量，以使"澶渊之盟"不致落空。《辽史》中说："圣宗尝过七金山土河之滨，南望云气，有郛郭楼阙之状，因议建都。"土河即今老哈河。圣宗为中京建设和选址作出最后决策，并明确城市的规格为"都城"。建城土地是朝廷以"献地、赐金币"的形式，将奚王头下的私有领地划归朝廷所有。统和二十五年（公元 1007 年）正月动工，统和二十六年（公元 1008 年）十月竣工。（此说法与《辽史》中京为辽统和二十五年即公元 1007 年春正月始建，年内建成的说法不一致）中京城的规模是辽五京中规模最大的。纵观辽中京城的建设过程，从动意、决策、实施到建成，其主要动力来自"澶渊之盟"，因此说辽中京城的兴建是澶渊之盟的必然产物。

安阳市王革勋、陈文道二人合著的论文《契丹王朝对中华民族融合发展的贡献》、开封市文物管理处丘刚先生的《开封城下"城摞城"现象探析》的发言都令人耳目一新。

　　我被安排在 7 月 17 日下午第七个发言。我的发言主要是扼要介绍对《〈大契丹国东京太傅相公墓志铭并序〉考释》的研究撰写情况，指出有些问题尚难成定论，拿出来和专家们共同讨论，请专家指正。会上印发了论文的全文。因元宝山区工作繁忙，会议后半段安排的野外实地考察我没能参加。

　　会后，我的论文《〈大契丹国东京太傅相公墓志铭并序〉考释》被收入《中国古都研究（第十八辑）——中国古都学会 2001 年年会暨赤峰辽王朝故都历史文化研讨会论文集》。后被《内蒙古大学学报》2002 年第 3 期刊载。

　　下面，就是我历时几年时间写出的《考释》全文。

《大契丹国东京太傅相公墓志铭并序》
考 释

一、序言

　　1992 年在内蒙古阿鲁科尔沁旗罕苏木苏木境内的朝格图山南麓，发现了辽东丹国左大相耶律羽之墓。出土志石一方，无志盖。志石石质为灰色砂岩，正面及四边表面磨光，其规格为长 112 厘米、宽 103 厘米、厚 13 厘米。志文为秀丽的楷书阴刻，字口勾金。志文竖排 38 行，每行字数为 23 ~ 35 不等，通篇计 1210 字。墓志首题"大契丹国东京太傅相公墓志铭并序"，次署"蓟门邢明远撰并书"。

　　洋洋千余言的志文记载了大量珍贵的史料，对现有契丹史文献具有重要的补证作用，对有争议的史实能起到证实统一的效果。

　　志文不但史料价值高，而且从文学和书法角度上也不失为一篇佳作，通篇引经据典，叙议相融，文笔颇精，且书法刚劲流畅。此项发现被评为 1992 年中国十大考古新发现之一。

　　笔者根据已占有的资料和浅薄的知识，试图对羽之墓志志文进行注释、翻译和简单考证，以此再现千年前的那段历史。谬误之处，企盼专家老师指点。

二、墓志原文（按现代汉语习惯加标点）

大契丹國東京太傅 [1] 相公墓誌銘并序
薊門 [2] 邢明遠撰并書

　　夫欲建皇極 [3]，扇薰風 [4]，必資棟樑之材，更籍鹽梅 [5] 之士。

其或非熊 [6] 應兆，臥龍 [7] 見稱。時推命世 [8] 之賢，代許間生 [9] 之
傑。股肱 [10] 王室，經營霸圖 [11]。昇壇 [12]，則四海具瞻；拜幕 [13]，
則三軍稟令 [14] 者，其唯太傅相公歟。

公諱羽之，姓耶律氏。其先宗兮佶首，派 [15] 出石槐 [16]。歷漢魏
隋唐已來，世為君長。曾祖諱勤德，迭列 [17] 夷离堇 [18]，北大王 [19]。
九領節鉞 [20]，十全功勳。祖諱曷魯，匣麥夷离堇，兩奉王猷 [21]，控制
藩屏 [22]。列考諱漚思，涅列夷离堇，金雲大王。劍履 [23] 承家，旌麾 [24]
顯世。皇妣夫人貌邈屈耐奇，升 [25] 劃宰相之女也，賢方衛女 [26]，德比
樊姬 [27]。生六男六女，公即金雲大王弟四息 [28] 也。長兄曷魯 [29]，于越 [30]
北大王。次兄汙裏堂 [31]，前北大王，東丹國大內相 [32]。季兄涅列神子
舍利 [33]。弟護之、朮寶舍利並早亡。姊妹六人，皆適高門望族 [34] 之家。

公星辰誕粹 [35]，河嶽 [36] 降靈。德符九三 [37]，賢當五百 [38]。
幼勤事業，長負才能。儒釋莊老之文 [39] 盡窮旨趣，書筭射御之藝 [40]
無不該通 [41]。咸謂生知，亦曰天性。事有寓目歷耳者終身不忘，言
有可記堪錄者一覽無遺。博辯洽聞 [42]，光前絕後 [43]。

比及大聖大明昇天皇帝 [44] 收伏渤海 [45]，革号東丹 [46]。冊皇太
子為人皇王 [47]，乃授公中臺 [48] 右平章事 [49]。雖居四輔 [50] 之末班，
獨承一人之顧命 [51]。尋 [52] 授鉞專討，克致大功。旋加太尉 [53]，招
撫邊城。比至班師倒載 [54]，又加太傅，判鹽鐵 [55]。封東平郡 [56] 開
國公 [57]，食邑 [58] 一千戶。天顯二年丁亥歲，遷昇左相 [59]，及惣 [60]
統百揆 [61]，庶績咸凞 [62]。以天顯四季 [63] 巳丑歲，人皇王乃下詔曰：
“朕以孝理天下，慮遠晨昏 [64]，欲效盤庚 [65]，卿宜進表。”公即陳：“遼
地形便，可建邦家扵是”。允協 [66] 帝心，爰興基構 [67]。公夙夜勤恪，
退食在公 [68]。民既樂扵子來 [69]，國亦暮年 [70] 成矣。天顯十三年戊戌歲，
嗣聖皇帝 [71] 受大晉之冊 [72] 禮也，即表公通敏博達啟運 [73] 功臣，加
特進 [74] 階，上柱國 [75]，食邑二千五百戶。身為冢宰 [76]，手執國鈞 [77]。
扵輔政之餘，養民之暇，留心佛法，軼味儒書。入簫寺則盪滌六塵 [78]，
退廟堂 [79] 則討論五典 [80]。而又為政尚扵激濁 [81]，舉士，不濫掄材 [82]。
朝推正人，國頼 [83] 良相。無何 [84] 禍罹 [85] 夢奠 [86]，疊 [87] 起涉洹 [88]。

人之云亡，邦國殄瘁[89]。以會同四年歲次辛丑八月十一日戊戌薨扵官，春秋五十有二，扵戲！

皇上軫悼[90]，寮屬歔欷。痛天道之不仁，扵忠良而降禍。哀詔爰下有司備儀，送終之禮既伸，易号[91]之彝無廢，謚曰"文惠公"，禮也。以壬寅年三月六日庚申葬扵裂峯之陽[92]。

夫人重衰，故實六宰相之女也，昇天皇帝之甥。淵[93]德傳芳，柔儀顯譽。深諧澣濯[94]之規，頗吽[95]絲蘿[96]之義。始自相國薨後，痛孤鸞之獨處，增別鶴之悲傷，日夜哀躄，殆將滅性[97]。洎[98]營葬具，用盡身心。因兹積氣成病，內攻腠理[99]，雖加毉藥，漸至沈綿，去相國葬後一十八日戊寅傾逝。嗚呼！生死之期，榮瘁[100]之分，在脩短[101]而不定，扵因緣[102]而或差，未有如相國與夫人同緣同會者焉。即以當年五月十一日甲午，祔葬[103]扵舊塋。夫人生子一十人，諸夫人生子四人。嫡子佛奴，幼年謝世。其余諸子，並有仁孝，俱懷器能[104]。女四人，二人早亡，二女皆幼。仲子闊等扵哀酷之余，攀號之際，慮人移世改，谷變陵遷，徽猷[105]不振於將來，盛德蔑[106]聞扵遠裔[107]，乃勒貞石，用傳不朽。銘曰：

偉哉天道[108]，玄妙莫窮。降生旄傑，以正時風。

為辟為士[109]，立德立功。宰割[110]區宇[111]，制御[112]英雄。其一

吾皇應運，君臨[113]東丹。徵求輔相，保乂國艱[114]。

公叶卜地[115]，乃登禮壇。風雲[116]會合，魚水相歡。其二

位居冢宰，禮絕百寮。扵寵思辱，在上不驕。

公平無黨，義均更昭。養民以惠，撫俗不勞。其三

卓尒相國，懷文懷武。歸敬釋門[117]，遵行孔矩[118]。

了果知因，明今識古。壽限何差，年華不与。其四

良人纔逝，哲婦又殂。生既同樂，死願共居。

爰遵古制，祔葬舊墟。兒女雖慟，銘誌宜書。其五

積善無應，天禍屢锺。馬鬣[119]長往，鳳池[120]永空。

君親慟哭，寮寀[121]失容。貞珉[122]紀德，來裔[123]欽風。其六

三、注释

[1] 太傅：官名。春秋时晋国设置，为辅弼国君之官，掌制定颁行礼法。战国后废，汉复置，次于太师。历代沿置，多为大官加衔，并无实职。

[2] 蓟（蓟）门（门）：古地名。应为蓟州。唐开元十八年（公元 730 年）置。治所在渔阳（今天津蓟县），辖境相当今天津蓟县及河北三河、玉田、丰润、遵化等县市。金以后辖境稍缩小，明初省渔阳入州，清不辖县，1913 年降为县。

[3] 皇極（极）：指帝王之位或王室。晋干令升（宝）《文选·晋纪总论》："至于世祖，遂享皇极。"

[4] 薰風（风）：和风，指东南或南风，也作"熏风"。《吕氏春秋·有始》："东南曰薰风。"注："熏风，或作景风，巽气所生，一曰清明风。"本文指清明的风气。

[5] 鹽（盐）梅：原指咸盐和酸梅，乃调味之品，后引申为调治国政。《尚书·说命下》："若作和羹，尔唯盐梅。"此为殷高宗命傅说为相之辞。后来诗文中常以盐梅指宰相或职权相当于宰相的人。

[6] 非熊：传说周文王梦飞熊而遇吕尚（太公望）。旧喻帝王得贤臣的征兆。唐胡曾《咏史诗·渭滨》："岸草青青渭水流，子牙曾此独垂钩。当时未入非熊兆，几向斜阳叹白头。"注："姜子牙即吕望也，隐迹于渭滨垂钩。周文王因夜梦见猎得一熊，王出，果于渭滨遇逢，文王子牙以车载而同归，拜为太公，后用谋伐殷也。"

[7] 臥（卧）龍（龙）：比喻有才能的人未能得到发挥，或喻隐居的杰出奇才。《三国志·蜀志·诸葛亮传》："时先主屯新野。徐庶见先主，先主器之，谓先主曰：'诸葛孔明者，卧龙也，将军岂愿见之乎？'"《晋书·嵇康传》："（钟会）言于文帝曰：'嵇康，卧龙也。'"

[8] 命世：著名于当世。《汉书·楚元王传》："圣人不出，其

间必有命世者焉。"后称治世之才曰命世。汉蔡邕《蔡中郎文集二·陈太丘碑》："赫矣陈君，命世是生。"

[9] 代许（许）间（间）生：代，世界、世上。唐李白《赠王判官时余归隐居庐山屏风叠》："吾非济代人。"许，称赞、心服。《三国志·蜀志·诸葛亮传》："每自比於管仲、乐毅，时人莫之许也。"间生，间气所钟而生。唐郑綮《开天传信记》："上以晏间生秀妙，引晏于内殿，纵六宫观看。"元辛文房《唐才子传·韩愈》："公英伟间生，才名冠世。"

[10] 股肱：辅助、捍卫。《左传·僖公》："昔周公、大公股肱周室，夹辅成王。"

[11] 霸嵩（图）：霸者之雄图。《晋书·凉武昭王李玄盛传》："玄盛以纬世之量，当吕氏之末，为群雄所奉，遂启霸图。"

[12] 昇（升）壇（坛）：壇，古时为祭祀而筑的土台、土堂。会盟封拜也都设坛，以示郑重。后来逐渐发展为坛上增设阶陛殿堂，成为华丽的建筑群，如天坛、先农坛。昇壇，登上坛台。《公羊传·庄公》："庄公升坛。"

[13] 拜幕：拜，授官。《史记·淮阴侯列传》："至拜大将，乃韩信也，一军皆惊。"幕，帐幕、幕府。将帅在外的营帐。军旅无固定住所，以帐幕为府署，故称幕府。后来古代将军的府署亦称为幕府。拜幕，指受命担任将帅，统领三军。

[14] 禀（禀）令：也作禀命，受命、请命。《左传·闵公》："师在制命而已。禀命则不威，专命则不孝，故君之嗣适不可以帅师。"

[15] 沠：多音字。①读liú。"流"字的异体。这里为渊源、源流之意。②读pài。古同"派"，水的支流。

[16] 石槐：即檀石槐。东汉时鲜卑部落联盟首领。他勇武善战，富有智谋，在汉桓帝时（公元147—167年）被鲜卑各部推为最高军事首领，建庭于高柳（今山西阳高县北150多公里）之弹汗山（今内蒙古商都县附近）歠仇水（今东洋河）上，仿照匈奴建制统御各部。檀石槐兵强马壮，非常强盛，向南劫掠东汉边境地区，北面抗拒丁

零，东面击退夫余，西面进击乌孙，完全占领匈奴原先的全部地盘，领地东西长达7000多公里，南北宽达3500多公里，山川水泽和盐池都在其管辖范围。在世期间，鲜卑部落贵族世袭制逐步确立。耶律羽之墓志中称其为契丹先祖。

[17] 迭列：即迭剌部，是遥辇氏部落联盟和早期契丹王朝的重要部落之一。

[18] 夷离堇：辽官名。辽政权建立前，为契丹各部军事首领。辽太祖阿保机以迭剌部夷离堇建立政权称皇帝后，于天赞元年（公元922年）分迭剌部为五院（北院）与六院（南院）两部，各置夷离堇，分掌部族军民政事。

[19] 北大王：辽代迭剌五院部统兵马官夷离堇的改称。

[20] 節（节）鉞（钺）：符节与斧钺。符节，古代朝廷用作凭证的信物。符以竹、木或金属为之，上书文字，剖分为二，各执其一，使用时以两片相合为验。《周礼·地官·掌节》："门关用符节。"斧钺，本为两种兵器，也泛指刑罚、杀戮。汉末献帝授曹操节钺、录尚书事。

[21] 王猷：猷，谋划、决策。《尚书·君陈》："尔有嘉谋嘉猷，则入告尔后于内。"王猷，帝王的谋划、决策。

[22] 藩屏：藩篱屏蔽。《诗经·大雅》："价人维藩，大师维垣，大邦维屏，大宗维翰。"后用以喻藩国。

[23] 劍（剑）履：封建帝王赐给亲信大臣的一种特殊待遇，受赐者可以佩剑穿履朝见皇帝。见《史记·萧相国世家》。

[24] 旌麾：帅旗。《三国志·魏书·夏侯渊传》："大破韩（遂）军，得其旌麾。"

[25] 尗：音 shū，"叔"的异体字。

[26] 衛（卫）女：即卫夫人（公元272—349年），名铄，字茂猗，卫恒的侄女，晋代汝阴太守李矩之妻，世称卫夫人。工书，隶书尤善，师钟繇。王羲之少时，曾从之学书。传世卫夫人帖，为唐初李怀琳伪作。

[27] 樊姬：春秋楚庄王夫人，非常贤德，曾谏止庄王狩猎，并激楚相虞丘子使进孙叔敖。庄王以敖为令尹，三年而霸。《全唐诗·

春秋战国门·樊姬》："当时不有樊姬问,令尹何由进叔敖。"

[28] 弟、息:弟,古代与"第"通用。息,儿子。《正字通·心部》:
"息,子息,子吾所生者,故曰息。"

[29] 曷鲁(鲁):即耶律曷鲁。《辽史·卷七十三·列传第三》:
"耶律曷鲁,字控温,一字洪隐,迭剌部人。祖匣马葛,简宪皇帝兄。
父偶思,遥辇时为本部夷离堇,曷鲁其长子也。"

[30] 于越:辽官名。属北面官,无职掌,授给大功臣,在百官
中地位最高,为大臣最高荣衔。

[31] 汙裏(里)塰:即耶律觌烈。塰,音zhěn,"軫"的异体字。《辽史·
卷七十五·列传第五》:"耶律觌烈,字兀里軫,六院部蒲古只夷
离堇之后。父偶思,亦为夷离堇。"

[32] 大内(内)相:渤海国官名。政堂省的主官。大内相相当
于唐尚书令,地位高于宣诏省、中台省的主官左相、右相。內,"内"
的异体字。

[33] 舍利:辽代官名。辽有舍利司,掌皇族之军政。属北面军官,
有舍利详稳、舍利都监、舍利将军、舍利小将军等。又契丹豪民要
裹头巾者,纳牛驼十头,马百匹,乃给官,名曰舍利。后遂为逐帐官,
加"郎君"二字,称舍利郎君。

[34] 高门(门)望族:高门,富贵之家。《庄子·达生》:"(鲁)
有张毅者,高门县薄,无不走也。"望族,有声势的世家豪族。《晋书·
石季龙载记(上)》:"雍秦二州望族,自东徙已来,遂在戍役之例,
既衣冠华胄,宜蒙优免。"

[35] 誕(诞)粹:誕,生、育;粹,精粹、精华。

[36] 河嶽(岳):黄河和五岳,泛指山川大地。

[37] 九三:《易经》乾卦第三爻:"君子终日乾乾,夕惕若,厉
无咎。""九"是阳爻,"三"是奇数的阳位,阳爻阳位,因而阳刚得正。
但已离开"二"的中位,上升到下卦最高位置的"三",过分刚正,
反而有危险。有德行的君子,本性刚健正直,如果终日奋发努力不懈,
夜晚仍然戒慎恐怕,严谨惕励,虽然处于危险地位,也不会发生过失

与灾难。子曰："君子进德修业，忠信，所以进德也。修辞立其诚，所以居业也。知至至之，可与几也。知终终之，可与存义也。是故，居上位而不骄，在下位而不忧。故乾乾，因其时而惕，虽危而无咎矣。"

[38] 五百：也作"五伯"。《后汉书·邓彪传》载，东汉邓彪，字智伯，与同郡宗武伯、翟敬伯、陈绥伯、张第伯志同道合，齐名为当时著名贤达之士，"南阳号五伯"。

[39] 儒释（释）疰老之文：儒家、佛教、庄子（周）、老子（聃）的文章。

[40] 書（书）筭射御之藝（艺）：古代指礼、乐、射、御、书、数六种科目。《周礼·地官·保氏》："保氏掌谏王恶，而养国子以道。乃教之六艺：一曰五礼，二曰六乐，三曰五射，四曰五驭，五曰六书，六曰九数。"筭，音 suàn，"算"的异体字。

[41] 該（该）通：博通。汉蔡邕《翟先生碑》："该通五经，兼洞坟籍。"唐刘禹锡《荐处士严毖状》："历代史及国朝故事悉能该通。"清顾炎武《述古诗》："六艺皆该通，百家亦兼取。"

[42] 博辩（辩）洽聞（闻）：亦作博物洽闻。形容懂得事物广博，所见所闻非常丰富。博，知识渊博。《荀子·修身》："多闻曰博，少闻曰浅。"洽，广博、普遍。《汉书·武帝纪》："其令礼官劝学，讲议洽闻，举遗举礼，以为天下先。"又《汉书·楚元王传》："此数公者，皆博物洽闻，通达古今，其言有补于世。"

[43] 光前絕（绝）後（后）：此前不曾有过，今后也不会再有。多用来称赞优异超绝的言行或完美精妙的事物。萧纲（梁简文帝）《善觉寺碑》："河南往浮云之瑞，新野表升天之祥，光前绝后，建兹福地。"《景德传灯录·湖南长沙景岑禅师》："承闻和尚昨日签南泉迁化一则话，可谓光前绝后，今古罕闻。"

[44] 大聖（圣）大明昇天皇帝：指耶律阿保机。

[45] 渤海：唐代我国东北以靺鞨粟末部为主体，结合其他靺鞨诸部和部分高句骊所建。初称振国（亦称震国），玄宗先天二年（公元 713 年）改称渤海，按唐制建立政治、经济制度，使用汉文。契

丹太祖天显元年（公元 926 年）被契丹所灭，改称东丹，意即东契丹，册皇太子耶律倍为人皇王主之，后徙都辽阳。

[46] 東（东）丹：即东丹国。

[47] 人皇王：即耶律倍。

[48] 中臺（台）：官署名。应劭《汉官仪》谓，汉称尚书台为中台。唐、宋亦将尚书省称为中台。

[49] 平章事：官名。"平章"原意为商量处理。唐高宗永淳元年（公元 682 年）始以"平章事"入官衔。唐中叶后，凡为宰相必于本官外加"同平章事"衔，意为共议政事。辽三京（东京、中京、南京）宰相府置，分左右，亦称平章政事。

[50] 四辅（辅）：亦称"四近"、"四邻"。四个辅弼大臣的全称。相传夏商已设四辅，掌顾问进谏，弼成政教。

[51] 顧（顾）命：《尚书》的篇名。"成王将崩，命召公、毕公率诸侯相康王，作《顾命》"。取临终遗命之意。孔传："临终之命曰顾命。"孔颖达疏："顾是将去之意，此言临终之命曰顾命，言临将死去回顾而为语也。"后称帝王临终前的遗诏为顾命。

[52] 尋（寻）：原意为古长度单位，八尺为一寻。另有相继、接着之意。

[53] 太尉：官名。秦置，掌全国军政，与丞相、御史大夫并列。魏、晋、南北朝时期，除北周不置外，均为三公官，一般无实权。隋、唐、北宋亦称为三公官。宋政和二年（公元 1112 年），改以太师、太傅、太保为三公，以太尉为武官最高官阶。

[54] 倒載（载）：即倒载干戈，收藏武器，不再打仗。《礼记·乐记》："倒载干戈，包之以虎皮。"也作倒置干戈。《史记·留侯世家》："倒置干戈，覆以虎皮，以示天下不复用兵。"

[55] 判盐（盐）鐵（铁）：判，除指中枢官兼任地方官外，通常指以高官兼低职者。宋敏求《春明退朝录》卷中："国初，曹翰以观察使判颍州，是以四品临五品州也。"判盐鐵，指掌食盐专卖，兼管银铜铁锡采冶之事。

[56] 東（东）平郡：今辽阳一带。契丹神册三年（公元919年）葺辽阳故城建东平郡。天显四年（公元929年）迁东丹国都于此，升为南京。会同元年（公元938年）改南京为东京，设辽阳府。

[57] 開（开）國（国）公：封爵名称，北周置。《通典•职官》："（北周）有公、侯、伯、子、男五等爵者，皆加开国。"

[58] 食邑：亦称采邑、采地或封地。中国古代诸侯封赐所属卿、大夫作为世禄的田邑（包括土地上的劳动者在内）。盛行于周，秦汉实行郡县制，承受封爵者在其封邑内渐无统治权力，食禄已改为以征敛封邑内民户赋税拨充，其多少按民户计算，食邑随爵位黜升而损益，亦得世袭。

[59] 左相：①左丞相的简称。②官名。春秋齐景公始置。唐龙朔二年（公元662年）改尚书省为中台，侍中为左相，中书令为右相。

[60] 惣：音 zǒng，"总"的异体字。

[61] 百揆：古代总领国政的长官，或指百官。

[62] 庶績（绩）咸凞（熙）：庶績，各种事功。咸凞，皆（都）兴盛。《尚书•尧典》："允釐百工，庶绩咸熙。"

[63] 秊：音 nián，"年"的异体字。

[64] 晨昏：《礼记•曲礼上》："冬温而夏清，昏定而晨省。"后来因以晨昏指对父母的侍养。

[65] 盤（盘）庚：殷商君主，汤九世孙祖丁之子。继兄杨甲即位，时王室衰乱，盘庚率众自庵（今山东曲阜）迁都于殷（今河南安阳），商复兴，史称殷商。

[66] 允協（协）：和洽。同"允洽"。《晋书•儒林传•杜夷》："汉武钦贤，俊彦响应，故能允协时雍，敷崇盛化。"

[67] 基構（构）：原意为建筑物的基础和结构，后比喻为基业。

[68] 退食在公：退食，减膳以示节约。《后汉书•何敞传》奏记宋由："宜先正己以率群下……使百姓歌诵，史官纪德，岂但子文逃禄，公仪退食之比哉！"公，公事，政府或机关的工作。《诗经•召南•小星》："肃肃宵征，夙夜在公。"《朱熹集传》："公事，朝廷之事也。"

[69] 子来（来）：谓百姓急于公事，如子女急于父母之事，不召自来。后指效忠顺从。《诗经·大雅·灵台》："经始勿亟，庶民子来。"

[70] 朞年：一年。朞，"期"的异体字。《庄子·德充符》："不至乎期年，而寡人信之。"

[71] 嗣聖（圣）皇帝：指辽太宗耶律德光。

[72] 册：音 cè，"册"的异体字。

[73] 啟（启）運（运）：谓皇帝开启世运。

[74] 特進（进）：官名。西汉后期始置，本非正式官名，为引见之称。行之既久，渐成加官。以赐列侯中有特殊地位者，朝会时位仅次三公。唐宋为文散官，第二阶，正二品，位于开府仪同三司之上。

[75] 上柱國（国）：勋官名。战国楚怀王时，有破军杀将重大战功者拜上柱国。北魏置柱国大将军，北周增置上柱国大将军。隋置上柱国及柱国，以酬军功勤劳，无职掌，上柱国从一品。到了唐代，朝官也受勋，成为定制。当时的勋官，共十二级，也称十二转。最低一级叫第一转，最高一级叫十二转。《木兰诗》中"策勋十二转，赏赐百千强"，说的就是勋阶。上柱国即为最高一级勋阶。宋、辽、金、元都沿用唐代勋制。到了清代，废除勋官制度，实行勋爵合一。

[76] 冢宰：周代官名，为六卿之首。一称大宰。《尚书·周官》："冢宰掌邦治，统百官，均四海。"

[77] 國（国）鈞（钧）：国家的重任。唐白居易《长庆集一·赠樊著作》："卒使不仁者，不得秉国钧。"也作国均。《诗经·小雅·节南山》："尹氏大师，维周之氏，秉国之钧，四方是维。"言主持国政，本于公平，以维持安全四方，也以国钧指国家的重臣。

[78] 六塵（尘）：佛经称色、声、香、味、触、法六者为尘；眼、耳、鼻、舌、身、意六者为罪孽根源，即六根。六尘与六根相接而产生种种嗜欲，导致种种烦恼，故又叫六贼。《圆觉经》："六尘缘影，为自心相。"南朝宋鲍照《鲍氏集·佛影颂》："六尘烦苦，五道绵剧。"

[79] 廟（庙）堂：宗庙明堂。《庄子·秋水》："吾闻楚有神龟，

死已三千岁矣,王巾笥而藏之庙堂之上。”古代帝王遇大事,告于宗庙,议于明堂,故也以庙堂指朝廷。《吕氏春秋·召类》:“夫修之於庙堂之上,而折冲乎千里之外者,其司城子罕之谓乎!”

[80]五典:与三坟合称三坟五典,都是传说中我国最古的书籍。《左传·昭公》:“是能读三坟、五典、八索、九丘。”杜预注:“皆古书名。”孔颖达疏:“孔安国《尚书序》云:伏羲、神农、黄帝之书谓之三坟,言大道也;少昊、颛顼、高辛、唐、虞之书谓之五典,言常道也。”孙楚《登楼赋》:“谈三坟而咏五典。”

[81]激浊(浊):激,阻遏水势。激浊,斥恶。激浊扬清,斥恶奖善。《贞观政要·任贤》:“王珪对曰:‘……至如激浊扬清,嫉恶好善,臣于数子,亦有一日之长。’”

[82]搞(抡)材:抡,音lún。选择选拔。《国语·晋语八》:“君抡贤人之后,有常位於国者而立之。”抡材,原意为选择木材。《周礼·地官·山虞》:“凡邦工入山林而抡材,不禁。”后借指选拔人才。《管子·君臣上》:“选贤抡材。”

[83]頼:音lài,同“赖”的异体字。承蒙,依靠。

[84]無(无)何:也作“亡何”。“无几何”省略而成,表示时间短暂、没多久。《史记·绛侯周勃世家》:“居无何,上至,又不得入。”

[85]禍(祸)隁:遭受灾殃、忧患、苦难。

[86]夢(梦)奠:《礼记·檀弓上》载,孔子将死,曰:“予畴昔之夜,梦坐奠于两楹之间。……予殆将死也。”后来以梦奠指死亡。

[87]釁:音xìn,“衅”的异体字。

[88]涉洹:洹,音huán。古水名,即洹水。在今河南省北境,今名安阳河。源出林县隆虑山,东流经安阳市到内黄县北入卫河。《左传·成公》:“声伯梦涉洹。”战国时苏秦说赵肃侯,合韩魏齐楚燕赵之力以抗秦,使六国将相会于洹水之上而定盟,即此水。

[89]殄瘁:音tiǎn cuì。亦作“殄悴”、“殄顇”。困穷、困苦、凋谢、枯萎之意。《诗经·大雅·瞻卬》:“人之云亡,邦国殄瘁。”

[90]靳悼:痛悼。唐白居易《长庆集·唐故武昌军节度使元公

墓志铭》："……薨於位，春秋五十三，上闻之轸悼，不视朝。"

[91] 易号：亦即易名。为死者立谥，谓易本名而称其谥。古代帝王及公卿大夫死后，朝廷给以谥号，叫做易名或易号。《礼记·檀弓下》："公叔文子卒，其子戌请谥于君曰：'日月有时，将葬矣，请所以易其名者。'"

[92] 裂峯（峰）之陽（阳）：今内蒙古阿鲁科尔沁旗罕苏木苏木境内的朝格图山，因该山最高峰的西南侧有一从上到下的大裂缝，故称为"裂缝山"或"裂峰山"。耶律羽之墓就在此山下的阳坡处，所以称"葬于裂峰之阳"。

[93] 淑：音 shū，"淑"的异体字。

[94] 瀚濯：瀚，音 huàn，又作"浣"。濯，音 zhuó。瀚濯，洗去衣服污垢，另可解为光大、若明。

[95] 吽：《汉语大字典》、《康熙字典》、《说文解字》等汉语工具书无此字。《汉语大字典》有与此字相近的"吽"、"吽"二字。"吽"，音 ǒu，和，和吽也。"吽"，音 hōng，佛教"六字真言"之一，"吽"表示金刚部心，祈愿成就的意思，意必须依靠佛的力量，才能得到正觉，成就一切，普度众生，最后达到成佛的愿望。两相对比，"吽"比"吽"意思更贴近本文义。

[96] 絲（丝）蘿（萝）：即菟丝与女萝。《诗经·小雅·頍弁》："茑与女萝。"頍，音 kuǐ。茑，音 niǎo。菟丝与松萝为蔓生，缠绕于草木，不易分开，诗文中常用以比喻男女结成婚姻。《文选·古诗十九首之七》："与君为新婚，菟丝附女萝。"

[97] 滅（灭）性：旧谓因丧亲过悲而危及生命。《孝经·丧亲》："教民无以死伤生，毁不灭性。"《后汉书·陈纪传》："遭父忧，……虽丧服已除，而积毁消瘠，殆将灭性。"

[98] 洎：音 jì。介词，表示时间的起止，相当于"至"、"自从"。

[99] 腠理：腠，音 còu。中医指皮下肌肉之间的空隙和皮肤的纹理。《素问·风论》："风者善行而数变，腠理开则洒然寒，闭则热而闷。"《韩非子·喻老》："君有疾在腠理，不治将恐深。"

[100] 榮（荣）痒：兴盛衰败，犹荣枯。《文选·秋兴赋（潘岳）》："虽未士之荣悴兮，伊人情之美恶。"

[101] 脩短：即长短。①指物的长度。三国·魏曹植《洛神赋》："远而望之，皎若太阳升朝霞；迫而察之，灼若芙蕖出渌波，秾纤得衷，脩短合度。"南朝·梁刘勰《文心雕龙·镕裁》："夫美锦制衣，脩短有度。"②指人的寿命。《周书·武帝纪下》："人肖形天地，禀质五常，脩短之期，莫非命也。"宋陈亮《庶弟昭甫墓志铭》："无乃汝既知之，而命之脩短非汝之所能自制乎！"③指长处与短处。《淮南子·脩务训》"人性各有所脩短，若鱼之跃，若鹊之驳，此自然者，不可损益。"宋蔡绦《铁围山丛谈》卷三："鲁公好知人，每语其人脩短，大略多验。"

[102] 因緣（缘）：佛教语中指产生结果的直接原因及促成这种结果的条件。

[103] 祔葬：即合葬。亦谓葬于先茔之旁。《礼记·丧礼小记》："祔葬者不筮宅。"清孙希旦《礼记集解》："祔葬，谓葬於祖之旁也。"

[104] 器能：才能。《三国志·蜀传·诸葛亮》："亮之器能政理，抑亦管（仲）萧（何）之亚匹也。"

[105] 徽猷：徽，美、善。猷，计谋、打算、谋划。徽猷，高明的谋略。《诗经·小雅·角弓》："君子有徽猷，小人与属。"《文选·赠刘琨诗（卢谌）》："加其忠贞、宣其徽猷。"

[106] 蔑：无，没有。《诗经·大雅·板》："丧乱蔑资，曾莫惠我师。"《左传·僖公》："（丕郑）言於秦伯曰：'……巨出晋君，君纳重耳，蔑不济矣。'"

[107] 遠（远）裔：远代子孙。《晋书·载记·赫连勃勃》："淳维远裔，名王之余。"

[108] 天道：中国哲学术语。最初包含有日月星辰等天体运行过程和用来推测吉凶祸福两个方面。亦即包含有天文学知识和关于上帝、天命迷信观念两种因素。而后者被古代统治者利用为神权统治的工具。古代唯心主义者认为天道是支配人类命运的天神意志，如《尚书·汤浩》："天道福善祸淫，降灾与夏。"唯物主义者则认为天体

运行是一种不体现任何意志的自然现象，如汉王充《论衡·乱龙》：
"鲸鱼死，慧星出，天道自然，非人事也。"

[109] 辟、士：辟，为天子诸侯君主的通称。《尚书·洪范》："惟辟作福，惟辟作威，惟辟玉食。"《诗经·大雅·荡》："荡荡上帝，下民之辟。"士，从事耕种等劳动的男子，泛指平民。为辟为士，可理解为为国为民。

[110] 宰割：分割、支配。贾谊《过秦论》："因利乘便，宰割天下，分裂河山。"

[111] 區（区）宇：疆土境域。區，指疆域。宇，指上下四方，即区域。《后汉书·班固传·两都赋》："区宇若兹，不可殚论。"《文选·东京赋（张衡）》："区宇乂宁，思和求中。"《三国志·魏志·崔琰传》："不如守境述职以宁区宇。"

[112] 制御：统治、支配。《史记·秦始皇本纪》："主重明法，下不敢为非，以制御海内矣。"

[113] 君臨（临）：谓君主统辖其所属，引申为统治。《左传·襄公》："赫赫楚国，而君临之。"曹植《责躬诗》："受禅于汉，君临万邦。"

[114] 保乂國（国）艱（艰）：保乂，治理、安定。《尚书·周书·君奭》："保乂有殷。"艰，难、险恶，困苦之意。

[115] 卜阯：阯，应为"垗"简化手写体，此处作"兆"字用。古人灼龟甲，视其所出现的裂纹的形态以占吉凶，其裂纹谓之兆。

[116] 風（风）雲（云）：《周易·乾》："同声相应，同气相求。水流湿，火就燥。云从龙，风从虎。圣人作而万物睹。"比喻事物之间的相互感应。后以风云喻人的际遇。《后汉书·耿纯传》耿纯对李轶说："大王以龙虎只姿，遭风云之时，奋迅拔起，期月之间，兄弟称王。"又比喻高才卓识。《李太白全集·猛虎行》："楚人每道张旭奇，心藏风云世莫知。"有时也比喻局势。《后汉书·皇甫嵩传》："将军权重於淮阴，指撝足以振风云。"

[117] 釋（释）門（门）：即佛门。因佛祖释迦牟尼姓释迦氏，略称释氏，佛教亦称释教，入佛门即为入释门。

[118]孔矩：孔子的教导学说与规矩。《晋书·阮籍传》："老篇爱植，孔教提衡，各存其趣，道贵无名。"认为儒家的学说主张与佛、道一样，具有宗教性质，故称之为"孔教"。后来把孔子的学说作为教派，与道、佛并称。清赵翼《瓯北诗钞·书所见》："孔教所到处，无不有佛教。佛教所到处，孔教或不到。"

[119]馬（马）鬣：鬣，音 liè。坟上的封土。《司马文正公集·臧郎中挽歌诗之二》："遗札蝇头细，长阡马鬣新。"又称马鬣封，坟墓上封土的一种形状。《礼记·檀公上》："吾见封之若堂者矣，见若坊者矣，……见若斧者矣。从若斧者焉，马鬣封之谓也。"《白氏长庆集·哭崔二十四常侍》："貂冠初别九重门，马鬣新封四尺坟。"

[120]鳳（凤）池：凤凰池之省。唐以前指中书省，唐以后指宰相之职。唐杜甫《杜工部草堂诗笺·紫宸殿退朝口号》："宫中每出归东省，会送夔龙集凤池。"

[121]寮寀：寀，音 cǎi。同僚、同事的官员。《晋书·王戎传》："寻拜司徒，虽位总鼎司，而委事寮寀。"

[122]貞（贞）珉：石刻碑铭的美称，犹贞石。唐李商隐《李义山文集·太尉卫公昌一品集序》："追琢贞珉，彰灼来叶。"也作"贞岷"。

[123]来（来）裔：未来的子孙。古代时自本身算起六代为来孙。

四、译文

要建立帝王之业，树立清明的风气，必须凭借可做栋梁的人才，更要依靠治理国政的贤士。他们或像周文王梦飞熊得到（吕尚那样的）的名臣，或被称为诸葛孔明（那样的奇才）。（是）被时人推崇的著名于当世的贤者，世人称赞的杰出人才。辅助捍卫王室，创建霸者之雄图。登上政坛，天下的人都崇拜；出任将帅，三军完全听从命令的人，还是只有太傅相公啊！

太傅相公名叫羽之，姓耶律氏。他的祖先啊是怙首，其族系渊源出自檀石槐。历经汉魏隋唐各朝代以来，家族中世代都出高官。曾祖父叫勤德，任迭剌部夷离堇，被封为北大王，多次统领兵将，功勋卓著。祖父名叫曷鲁，任匣麦部夷离堇，两次遵奉王命，制服边远藩邦。父亲名叫沤思，任涅列部夷离堇，封为金云大王，承袭着佩剑穿履入朝的特殊待遇，久挂帅旗而显赫于世。母亲名叫邈屈耐奇，是叔划宰相的女儿，其贤惠和卫夫人无异，其品德与樊姬相似。（母亲）生育了六男六女，太傅相公就是金云大王的第四个儿子。（他）大哥名叫曷鲁，被封为于越北大王。二哥名叫汪里斡，先被封为北大王，后任东丹国大内相。三哥名叫涅列，为神子舍利。两弟弟分别名叫护之和术宝，均为舍利，都早年去世。姐妹共六人，都嫁给富贵而有名望的人家。

太傅相公是降临到世间的星辰，是山川大地孕育的精英。德行符合易数九三，贤达相当于南阳五伯。自幼勤奋，业绩彰显，长大具有卓越才能。对儒家、佛教、庄周、老子的文章寻根求源，研究宗旨、意义，对书、算、射、御等技艺完全精通。都说是生而知之，也是天然的品质特性。事情凡经他看过、听过终生不会忘记，语言有记录必要的一点不会遗漏。他善于言辞，知识丰富，见闻广博，前人所未有，后人所难及。

等到大圣大明升天皇帝（耶律阿保机）征服渤海国，改国名叫东丹。封其长子皇太子（耶律倍）为人皇王（主之）。于是授太傅相公为中台右平章事。虽然位居四名辅政大臣的最后一位，却独自接受了先皇的临终遗命。接着授节钺专事征讨，克敌制胜，立了大功。不久又加封为太尉，招抚边远城池。至军队得胜归来，收藏武器，不再用兵，又加封为太傅，兼理食盐专卖、铜铁采冶之政。封为东平郡开国公，吃俸禄一千户。天显二年丁亥岁（公元927年），迁升为左大相，达到总管统领百官（的高位），各种事功都很兴盛。

天显四年已丑岁（公元929年），人皇王下诏说："我用孝道来治理天下，忧虑渤海人远离故土不便对父母侍养尽孝，想要效法盘庚迁都，你应该进奏表章。"太傅相公就（在呈耶律德光皇帝的表章中）陈奏："辽阳一带，地形便利，可建国都在那里。"（奏章）和洽皇帝的意愿，决定（在辽阳）兴建国都。太傅相公起早贪黑，勤勉敬业，谨慎从事。为了国事，节衣缩食。民众都乐意而急于公事，如子女急于父母之事那样，不召自来，国都一年就建成了。天显十三年戊戌岁（公元938年），嗣圣皇帝（耶律德光）在举行后晋册礼时，表彰太傅相公精明、聪慧、勤勉、博识、豁达，是开启国运的功臣，加封特进官职，并赐上柱国勋阶，吃俸禄二千五百户。

身为六卿之首，主持国政，肩负国家的重任。在辅佐朝政、抚养万民的闲暇，深入研究佛法，悉心体味儒家学说。进入佛寺就清除洗尽六尘，退出朝廷则讨论研究古代典籍。且又在为政中激浊扬清，斥恶奖善，推举贤士，选拔人才坚持原则。是满朝廷推崇的正人，国家依赖的好相国。不久遭受死亡的不幸，灾难发生在建功立业之时。这样的好人逝去，是国家的重大损失。在会同四年辛丑岁（公元941年），八月十一日戊戌日死于官署，年龄五十二岁，呜呼！

皇上痛悼，同僚下属哀叹抽泣。痛恨上天不仁慈，对忠良降灾祸。（皇上）悲痛中颁诏于臣下，（命）主管部门准备（治丧）礼仪。治丧送终的礼仪安排之后，又按着常法为其易号，谥号为"文惠公"，这就是礼制呀！于壬寅年（公元942年）三月六日庚申日安葬在裂峰山的阳坡处。

夫人名叫重衮，是已故的实六宰相的女儿，升天皇帝（耶律阿保机）的外甥女。负有贤淑品德的美名，温柔的仪容举止备受赞誉。深懂妇道之规矩，注重夫妻之情义。自从相国死后，哀叹自己像单只的凤凰一样伶仃孤苦，更增加如失偶仙鹤那样的悲痛伤感。白天黑夜不住啼哭，几乎危及生命。自从安排丧葬用具（更加）心力交瘁，消耗殆尽。积悲伤与劳累终成疾患，由表及里病入膏肓。虽然加以医治，还是日渐垂危。距离相国葬后十八日于戊寅日病逝。呜呼！(人)生死的日期，兴盛衰败周期长短上不能确定，在因缘上或有差别，但少有如相国和夫人这样共同的缘分、共同的命运。就在当年五月十一日甲午日合葬在相国的坟茔。

夫人生子十人，其他夫人生子四人。长子佛奴幼年夭折，其余诸位儿子都仁义孝顺，且都有才能。四个女儿，两个早年死亡，两个都在幼年。二儿子耶律阙在极其悲痛的情况下，在号啕痛哭的同时，担心人世推移，地貌变化，（相国的）丰功伟业不能流传于将来、盛誉美德不能传播于后代子孙，于是用精美的石头刻成墓志，用它传于后世，永垂不朽。铭文说：

伟大的上天啊！神奇奥妙无始无终。

降生英杰之才，来端正时势之风。

他为国家为民众，建立了大德大功。

统治天下疆土境域，是驾驭时势的英雄。

我主顺应天的意志，主宰属国东丹。

选任辅佐朝政的相国，治理拯救国家危难。

公叶占卜显现吉兆，相国应运登上政坛。

把握机遇展示才华，恰如鱼儿得水一般。

位居六卿之首，礼遇超越百官。

受宠信常想到受屈辱，官居高位而不骄慢。

处事公平不结朋党，恩义遍施愈加彰显。

养育人民广施恩惠，体恤百姓不使其艰难。

卓越超群的相国，满腹韬略文武双全。

虔诚信仰崇敬佛教，严格践行儒家规范。

清楚结果便知原因，明了当代熟识从前。

寿命为什么这样短暂，上天不给更多的时间。

善良的丈夫刚刚去世，贤德的夫人忽又亡故。

生前已经共同欢乐，死后也愿同穴共眠。

遵循以往的礼制，合葬在相公坟茔。

儿女们虽然悲痛，但没忘刊刻志铭。

积善未得好的报应，天降灾祸多而集中。

永久地去了新的坟墓里，宰相位上没了身影。

君主亲人都在痛哭，同僚悲戚不整仪容。

志铭记下一生功德，高尚风范世代崇敬。

五、价值略论

羽之墓志的发现，为我们研究辽代乃至晚唐一代的政治、经济、文化、艺术、民俗具有重要的价值。同时为研究契丹王朝与中原王朝的关系提供了珍贵的线索。其重要价值表现在以下几个方面。

（一）历史价值

首先，墓志明确了契丹耶律家族的族源。墓志载："其先宗兮佶首，派出石槐。"由此确定了辽代皇族乃是出自东胡系鲜卑中的一支，即檀石槐的后裔。确定了东胡、鲜卑、契丹之间的族系承袭关系，对研究我国古代少数民族史具有重要价值。

其次，为辽代职官制度提供了新例证。墓志载："表公通敏、博达、启运功臣，加特进阶，上柱国。"证明辽代时设有特进一官，对以前史学界曾认为辽代无特进官进行补正。关于北大王设立时间问题，史籍载阿保机称帝后，析迭剌部为五院部和六院部，分别为北大王院和南大王院，即说北南大王院是在阿保机称帝后才分立的。既然北南大王院是阿保机称帝后设立的，那么北南大王也应从设立大王院时开始有。但墓志载，羽之的曾祖父耶律勤德曾被封为北大王。由此分析可能有两种情况：一是北南大王府分设在阿保机称帝之前，二是耶律勤德的北大王是死后追封的。

再次，可以分析出契丹当时与唐朝等中原王朝的关系、中原文化对契丹的影响。一是在羽之墓志中出现的三个"民"字都写成"㞶"，这可能是来自中原的撰稿人为避讳唐太宗李世民的名字而作。契丹朝中能顺从这种习俗，说明契丹对唐朝很崇拜、很尊敬，即使对已灭亡的唐朝已故皇帝的名字仍然进行避讳。二是墓志中记载："天显十三年戊戌岁，嗣圣皇帝受大晋之册礼也。"这与《辽史》记载基本吻合。"大晋"是对后晋的尊称。后晋高祖石敬瑭在公元936年灭后唐登上帝位不久，在公元938年就派使臣到北部强大的藩国——契丹，对其皇帝、皇太后进行册封。册封耶律德光为"睿文神武法天启运明德章信至道广敬昭孝嗣圣皇帝"，为皇太后上尊号"广德至仁昭烈崇简应天皇太后"。当时已经强大的契丹国皇帝和皇太后欣然接受处于弱势地位的后晋皇帝所封的尊号，这说明当时北方强大的少数民族政权仍有很强的中原正统观念，努力维护"南北朝"的局面，是中华各民族凝聚力的历史写照。三是墓志不但全是汉文，而且撰稿和书写的人为"蓟门邢明远"。蓟门约在今天津蓟县附近，邢明远其人从名字和其撰写的志文、书写的汉字分析应是汉人，这说明契丹国确实如史书所记载那样，多用汉人为官，以汉法行事。四是结合墓制形式、殉葬品来看，当时契丹国主要是效法唐朝。如墓葬形式与中原帝王陵墓相似，殉葬品中很多是直接来自中原之物，墓内壁画、彩绘唐风浓厚。这些都充分说明早在一千多年以前，北方少数民族的契丹和中原唐朝及五代诸国曾有过一段较长的和睦相处、互相交流、相互影响、共同发展的时期。

（二）文学艺术价值

羽之墓志共1210字。虽是古代墓志基本已成定式的文体，但却有其独到之处。一是史实叙述清楚，重大事件突出。在一千多字里，突出描述了羽之的几大功绩，如首到东丹国任次相、多次征讨而凯旋、上奏迁都被采纳及在新建都城中的勤恪之功、耶律倍奔唐后独自执政东丹八年多、几次被加官进爵，概括能力极强。二是铭文写法别具风格。在一千多字的志文中，竟多处引用了典故，而且引用恰当，表意充分，如"非熊"、"卧龙"、"樊姬"、"卫女"等，增强了感染力，使羽之这一人物及其为之烘托的人物如同再现。三是志文文字楷书刚劲，字口勾金，具有一定的书法价值。

（三）文字学价值

墓志中出现多个简体字，如"与"、"号"、"年"、"尔"、"于"、"云"等。其中"号"、"年"、"于"、"云"四字在同一文章中几次出现，既有繁体，又有简体，也有异体。说明汉字在一千多年前就有繁体、简体和异体之分。或者说汉文字简化从古代就出现了，是逐步演进的，并且有一段相当长的繁、简、异体并存、互相混用阶段，这对研究汉文字学特别是研究汉文字的演进具有不可忽略的意义。

（四）政治价值

志文通篇充满对耶律羽之的赞扬和哀悼之情。对他一生的才学、品德、政绩给了极高的评价。如在学识方面说他"儒释庄老之文尽穷旨趣，书算射御之艺无不该通"，"博辩洽闻，光前绝后"，"留心佛法，耽味儒书"。备述其勤奋学习、刻苦钻研、博学多才，具有多方面的丰富的知识。在政绩方面说他"虽居四辅之末班，独承一人之顾命"，"受钺专讨，克致大功"，"总统百揆，庶绩咸熙"。在品德上，"为政尚于激浊，举士，不滥抢材。朝推正人，国赖良相"，"于宠思辱，在上不骄。公平无党，义均更昭。养民以惠、抚俗不劳"。应该承认，树碑立传，为逝者歌功颂德是主要目的。或为安慰死者，或为讨好生者，志文肯定拣选一些冠冕堂皇的华丽辞藻，对死者进行过高评价，会有一些过溢之词，有一些言过其实的地方。尽管如此，我们还是可以通过字里行间，通过其褒扬之词，从另一侧面了解到当时社会提倡什么、赞扬什么、崇尚什么。如博学、勤政、廉洁、公正等这些中华民族崇尚的美德，在契丹王朝的重要官员身上有所体现，并受到人们的赞扬和爱戴的史实，应该对今人特别是对今天掌有不同权力的人有所启示。一千多年前的封建官吏尚能如此，那么我们现在的人应如何呢？应以古为鉴，洁身自好，勤政为民，不辱使命，获得人心。

六、一点假设

我们现在发现的耶律羽之墓志既记载了耶律羽之的生平政绩，又记载了他夫人的人生概略，因此可以说是耶律羽之与其夫人共同的墓志。这就出现一个问题，就是在先前单独埋葬耶律羽之时墓内有没有墓志。

耶律羽之是会同四年（公元941年）八月十一日死的，第二年三月六日埋葬的。他的夫人重衮是在埋葬他以后十八天即三月二十四日"倾逝"的，在死后的四十七天即五月十一日附葬旧茔的。当时他们的子女"虑人移世改，谷变陵迁"而刻制了这块墓志，这之前是否有一块墓志与羽之同时埋葬，是一个疑点。

首先，按常理讲，像羽之这样位居冢宰的朝廷重臣，陵墓建造得这样豪华宏大、葬礼那么隆重，是不能没有墓志、没有铭文的。如果有墓志，又不应是现在发现的这块，因那时铭文中不会有记叙他夫人死的事情。但是又不会等到他夫人死时再一起制墓志，人们也不会预料到他葬后十八天他夫人会"倾逝"并与之同寝。从这点上可认为当时应有一块墓志专为羽之而作，而且应是比现在发现的更精美的一块墓志与羽之的尸体一同进入陵墓。

其次，从现在发现的墓志质量和做工情况看，不十分考究，与"贞珉"之称不太相符。一是石质是灰色砂岩，颜色不是正黑，质地不太致密。第二，从制作情况看，除正面和四边素面磨光外，背面基本是自然状态，制造不十分精细。第三，只有志石，没有志盖，应属于不完全的墓志，也许那时就流行这种墓志。

据上可以假设，在安葬羽之时，由于其夫人"泊营葬具，用尽身心"，一方比较精致的墓志，随其安葬入墓。在他的夫人死后，又修改添加志文，重置了现在这方墓志。因其夫妻二人相继去世，家中子女皆幼，势力顿衰，大事无人主宰，在匆忙中赶制了这方墓志，而后打开陵墓，将重衮的尸体送入，与羽之合葬，取出原来的墓志，换上新制的墓志。封墓门的巨石没有落到位而在墓门上悬着也许都是这些设想的一点证明。究竟有没有那块墓志，如果有，是当时毁掉了，还是又掩埋在什么地方，有待于新的考古发现来证明。

参考文献

[1] 字汇.上海：上海辞书出版社，1991.

[2] 朱起凤.辞通.上海：上海古籍出版社，1982.

[3] 康熙字典.影印本.成都：成都古籍书店，1980.

[4] 说文解字.影印本.北京：中华书局，1985.

[5] 张作耀，蒋福亚，邱远猷，高军.中国历史辞典.北京：文化艺术出版社，1991.

[6] 徐连达.中国历代官制词典.合肥：安徽教育出版社，1991.

[7] 沈起炜，徐光烈.中国历代职官词典.上海：上海辞书出版社，1992.

[8] 脱脱.辽史.北京：中华书局，1974.

[9] 任健愈.宗教词典.上海：上海辞书出版社，1981.

[10] 王承礼，刘振华.渤海的历史与文化.延边：延边人民出版社，1991.

[11] 古风.掌故大辞典.北京：团结出版社，1990.

[12] 阙勋吾.中国历史典故辞典.西安：三秦出版社，1989.

[13] [晋] 杜预.春秋经传集解.上海：上海古籍出版社，1988.

[14] 陈子展.诗经直解.范祥雍，杜月村.上海：复旦大学出版社，1983.

[15] 刘兰英，王开莲，赵九歌.古文知识辞典.南宁：广西人民出版社，1992.

[16] 刘洁修.汉语成语考释词典.北京：商务印书馆，1989.

[17] 张永言.古汉语字典.成都：巴蜀书社，1998.

墓志原文

為政尚於激濁舉士不濫掄材朝推正人國賴良相無何禍罹夢奠豐起涉洹人之云亡邦
國殄瘁以會同四年歲次辛丑八月十一日戊戌薨於官春秋五十有二於戲　皇上軫
悼寮屬歔欷痛天道之不仁於忠良而降衷詔爰下有司備儀送終之禮既伸易号之彝
無廢謚曰文惠公禮也以壬寅年三月六日庚申葬於裂峯之陽　夫人重衾故實六宰
相之女也　昇天皇帝之甥德傳芳柔儀顯譽深諧瀚濯之規頎吁絲蘿之義始自
相國薨後痛孤鸞之獨處增別鶴之悲傷日夜哀踴殆將滅性洎營葬具用盡身心因茲積
氣成痾內攻膝理雖加醫藥漸至沈綿去相國葬後一十八日戊寅傾逝嗚呼生死之期榮
瘁之分在脩短而不定於因緣而或差未有如相國與夫人同緣同會者焉即以當年五月
十一日甲午祔葬於舊塋夫人生子一十人諸夫人生子四人嫡子佛奴幼年謝世其餘諸
子並有仁孝俱懷器能女四人二人早亡二女皆幼仲子闕等於哀酷之余攀號之際慮人
移世改谷變陵遷徽猷不振於將來盛德蔑聞於遠裔乃勒貞石用傳不朽銘曰

偉哉天道　玄妙莫窮　降生旄傑　以正時風　其一
宰割區宇　制御英雄　吾皇應運　君臨東丹　魚水相歡　其二
為辟為士　立德立功　徵求輔相　保乂國艱　禮絕百寮　位居冢宰　其三
公叶卜此　乃登禮壇　風雲會合　公平無黨　義均更昭　養巳以惠　撫俗不勞　了果知因　明今識古　其四
於寵思辱　在上不驕　懷文懷武　歸敬釋門　遵行孔矩　哲婦又俎　生既同樂　死願共居　其五
卓尒相國　年華不與　良人纏逝　兒女雖慟　積善無應　天禍屢鍾　貞珉紀德　來裔欽風　其六
壽限何差　爰遵古制　祔葬舊墟　馬鬣長往　鳳池永空　君親慟哭　寮寀失容

大契丹國東京太傅相公墓誌銘　并序　　　　薊門邢明遠撰并書

夫欲建皇極扇薰風必資棟樑之材更籍鹽梅之士其或非熊應兆臥龍見稱時推命世之

賢代許間生之傑股肱王室經營霸畧昇壇則四海具瞻拜幕則三軍稟令者其唯

太傅相公歟公諱羽之姓耶律氏其先宗分佶首派出石槐歷漢魏隋唐已來世為君長

曾祖諱勤德迭列夷離董北大王九領節鉞十全功勳　　祖諱曷魯匣麥夷離董兩奉王

獻控制藩屏　　列考諱漚思涅列夷離董金雲大王劍履承家旌庵顯世　　皇妣夫人

幼勤事業長負才能儒釋疕老之文盡窮旨趣書筭射御之藝無不該通咸謂生知亦曰天

性事有寓目歷耳者終身不忘言有可記堪錄者一覽無遺博辯洽聞光前絕後比及

大聖大明昇天皇帝收伏渤海革号東丹冊皇太子為　　人皇王乃授公中臺右平章

事雖居四輔之末班獨承一人之顧尋授鉞專討克致大功旋加太尉招撫邊城比至班

師倒載又加太傅判鹽鐵封東平郡開國公食邑一千戶天顯二年丁亥歲遷昇左相及惣

統百揆庶績咸凞以天顯四季已丑歲　　人皇王乃下詔曰朕以孝理天下慮晨昏

欲効盤庚卿宜進表公即陳遼地形便可建邦家於是允協帝心爰興基構公夙夜勤恪退

食在公巳既樂於子來國亦暮年成矣天顯十三年戊戌歲　　嗣聖皇帝受大晉之冊

禮也即表公通敏博達啟運功臣加特進階上柱國食邑二千五百戶身為冢宰手執國鈞

於輔政之餘養巳之暇留心佛法躭味儒書入簫寺則盪滌六塵退廟堂則討論五典而又

耶律羽之墓出土文物

金花银龙纹万岁台砚盒

银鎏金狮纹花口银盒

银鎏金錾花七棱把杯

五曲葵口金碗

圆口錾花金碗

金花银鸳鸯渣斗　　　　　　　　　　　　　银鎏金錾教子图银罐

金花银摩羯纹碗

鎏金双凤纹银盘

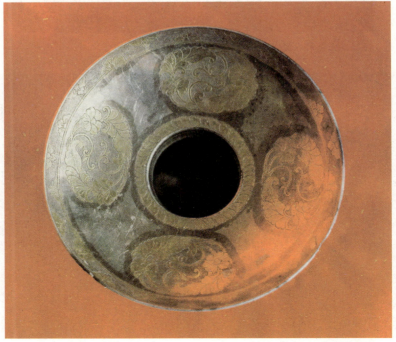

金花银对雁纹渣斗

鎏金首饰盒（盖）

鎏金首饰盒

鎏金凤纹铜牌饰

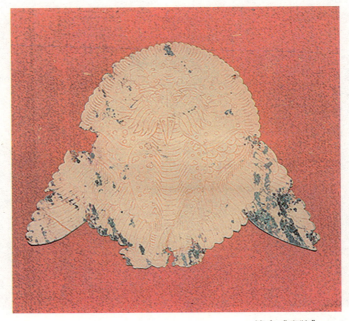

鎏金"鹰牌"

银錾金花盘

银錾金花碗

铜鎏金武士像（之一）　　　　　　　铜鎏金武士像（之二）

银匜

金耳坠

管状项坠

金手镯

鎏金项饰

金耳坠、心形金项坠、嵌松石戒指

金花银饰件

鎏金银匙

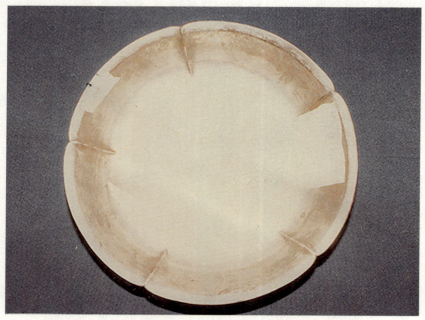

"左丞相"款银盆

龙纹铜镜

白玉带扣、金戒指

盾形嵌玉、松石金戒指

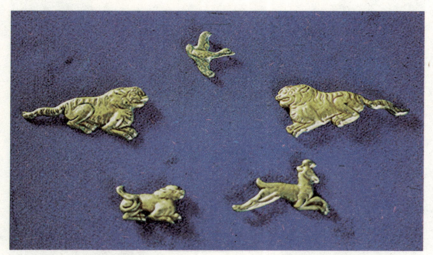

鎏金对虎、鹿、狮、雁银饰件

鎏金杏叶形凤纹铜牌饰

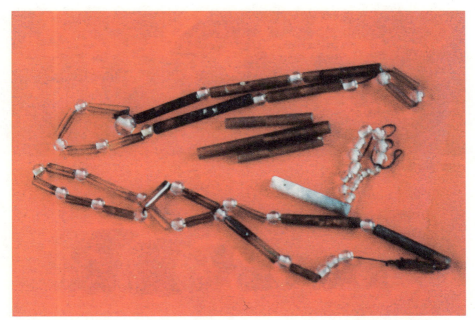

水晶玛瑙串珠

铜饰件

鎏金铜铃

琥珀串珠

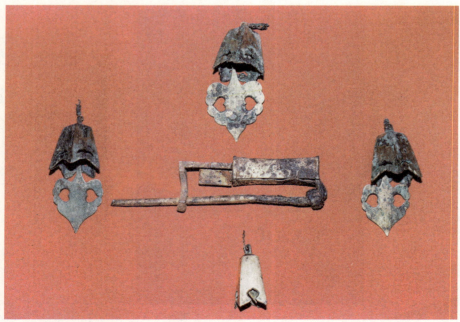

鎏金铜铃、铁锁

马鞍饰件

白釉盘口穿带瓶

青瓷四系盖罐

白釉鸡冠壶

黑釉鸡冠壶

"盈"字款白瓷碗

斜腹曲口白釉大碗

白釉瓷碗

青釉瓷碗

绿釉穿带瓶

褐釉瓷钵

褐釉盘口瓶

白釉瓜棱盖罐

白釉瓜棱罐、白釉粉盒

黑陶盘口瓶

黑釉高颈瓷罐、黑釉卷沿瓷罐

橘黄釉瓷罐　　　　　　　　　白瓷罐

酱黄釉、黑釉直颈卷口瓷罐

鎏金木雕坐狮（之一）　　　　　　　鎏金木雕坐狮（之二）

彩绘小木门

棺板彩绘胡乐图（之一）

棺板彩绘胡乐图（之二）

棺板彩绘胡乐图（之三）

主室门框彩绘

主室门外云鹤图

主室门彩绘

主室门内门额彩绘

主室门框宝相花图案

主室门内两侧边框彩绘

耶律羽之墓志拓片

北大王汉字墓志拓片

北大王契丹大字墓志拓片

西王母

趣谈辽墓考古

第四篇 催出来的"初考"

一

　　1994 年 6 月 2 日下午一上班，旗公安局局长李财同志来到我办公室报告说，近日在东沙布台乡宝山村西面发现两处古墓葬，已早期被盗，最近又有人进入墓室里。旗公安局刑警队和旗文管所人员共同到现场查看，墓室内已空，墓室内墙壁上有不少壁画，还有部分文字能看得清楚。根据一个墓室里墙壁上的文字分析好像是某人一个妾的墓。公安和文管部门共同采取临时保护措施，把盗洞暂时封死，待分别向上级报告后再按上级指示处理。听了这个情况我心里一惊。

　　东沙布台乡（现在已合并到巴彦花镇）位于阿鲁科尔沁旗西北部，距旗政府所在地天山镇有 80 多公里，是一个蒙汉群众混合居住、农牧林业全面发展的山区乡。全乡境内山多林密，大大小小的山上生长着大片的天然次生林，自然植被好，森林覆被率高。野生动植物资源非常丰富，盛产野果、山野菜和多种中草药材。特别是山上大面积的柞树林（学名蒙古栎）是这一带分布较广泛的树种，柞树叶是养柞蚕的好饲料。在 20 世纪 60 年代，当时这个村还归属巴彦花公社时，公社就曾经在这里办蚕场养柞蚕，建立了当时草原上第一家养蚕场。柞蚕丝属动物蛋白质纤维，含有人体所需的 18 种氨基酸，其特点是保暖性和弹性好，是制作蚕丝被、蚕丝毯等家纺产品的首选原料，销路一直很好。因此直到前几年，还有几户村民在山上养柞蚕。因为山上山下到处都是宝，从 20 世纪中叶起，人们就把这里的山叫宝山，把山下这个村名改为宝山村。以前只知道那里盛产山货野果、无公害杂粮和大量的牛羊肉等特产，没听说在那深山老林处还藏着古墓。盗墓者真是利令智昏、财迷心窍，为了一己私利，目无法纪，铤而走险。他们是什么地方也不放过，什么偏僻荒凉的角落都能破坏到。

不久得知，内蒙古自治区文物考古研究所接到报告后，很快就派人到现场查看，并决定由自治区文物考古研究所与阿鲁科尔沁旗文管所联合组成工作组，对两个被盗古墓进行抢救性清理发掘。

几天后，旗文管所的同志来向我汇报，说他们按自治区文物考古研究所的安排意见，正在对两个古墓葬做基本清理、应急处置等工作组进入前的准备工作，自治区文物考古研究所人员将过一段时间才能进入。现在两墓葬清理工作基本结束，建议我近期到现场实地考察。

自 1994 年初，我在旗人民政府的分管工作有了变动。由原来主要分管农牧业和农村牧区工作变更为分管政府办公室、审计、监察、公安、司法、民政、信访等工作。其工作特点是在政府机关处理日常事务的时间多，下乡工作时间比以前少了，每天的日程排得满满的。

时间一天天过去，我每天都盼着能有点可以自己支配的时间，这个想法几乎天天落空。6 月份过去了，进入 7 月时间似乎更紧了，政府本身的运转要调度安排，上级检查调研的要陪同和汇报，几大班子与政府的工作关系要协调，基层农牧民来上访反映问题要接待、要解决，各地雨季出现的灾情要尽快到现场，险情要及时排除、受灾群众的生产生活要妥善安置，实在难以脱身到古墓清理现场。

一直就到 7 月 10 日星期天，这个星期天政府没做什么具体工作安排。可周六下午下班前又接到旗委办公室通知，7 月 10 日上午旗委召开旗级几个班子领导会议，专题听取 6 月末牲畜普查情况汇报。6 月末标志着牧业年度的结束，6 月末牲畜普查情况汇报对阿鲁科尔沁旗这个牧业大旗来说，相当于农业地区秋收之后听取农业生产全年粮食产量情况汇报。好在这个会议只开到中午，下午由统计部门和畜牧部门进行技术和业务处理。

下午终于可以去宝山古墓现场了。会议一散，我叫上司机到机关食堂随便吃了一口饭，顶着中午的烈日就驱车向东沙布台乡驶去。

在颠簸不平的县级沙石公路走了 60 多公里，接着是弯弯曲曲、宽窄不一的山间路，又跑了半个多小时，终于进入了东沙布台乡宝山村境内。这个村子就在山下面，村子后面的山，人们世世代代都叫它老头山，后来改成宝山了。位于山下的宝山村不是太大，百十户人家，分布在山脚下居住。进村后我们就直奔村党支部书记董金友家。到了大门口，董书记正扛着铁锨、戴着草帽往外走，他是要和村民们一起去参加夏季会战的治山劳动。这位董书记是我高中同学，40 多岁，高高的个子、瘦瘦的身材，脸晒得黑红。见面握手后，问我们是否直接上山去看，他以为我们是来看夏季会战情况的。当我们向他说明不是来看治山工程，而是要看一处"地下工程"——古墓清理现场时，董金友书记乐了，说他昨天还下到里面看了，旗文管所的工作人员正在里面工作呢。说完我们把董书记拉上车，直向村外奔去。

七月的天气，骄阳似火。这天真是太热了，下午两点多的太阳火辣辣地烤着，又没有一丝风、没有一片云，路边的庄稼都晒打蔫了。树叶半卷着，村边的一群羊密密麻麻地挤在树下阴凉地里，一动不动。

这个村的北面、西面都是山。在一连串的山中，有一座高山被群山簇拥在中间，像是一个资历较深的长者，那就是老头山，后来叫宝山。山上是密密的灌木林，山坡下半部是一块块农田，长着被烈日晒弯了腰的庄稼。正在清理的古墓就在村子西北不远的山坡下边。

我们把车停在长得稀稀落落的北方特有的山杏树旁。由于这种树具有特殊的耐干旱特性，烈日下仍显得很精神、很茂盛。在山杏林中间，有两处堆起的黄土，这就是古墓的清理现场。走近一看，便看到为进入墓室工作而开掘的一段斜坡马道，顺马道而下，便是清理的墓室外小广场。进入这个广场，看到东、北、西三面都是用青砖青瓦砌成的屋檐，正面朝南。从南向北看，好像是个四合院，正面是主房，有门洞和门楼，东西两侧像是配房。其实正面进去是墓葬的门庭，两侧的屋檐只是墓道的装饰而已。

旗文管所的白音查干正在现场工作。一台小型汽油发电机在墓道的一角突突作响，正在为墓室里的照明灯发电。白音查干介绍说这里先后被盗的古墓还有一处，在这个墓西面三四十米远处。工作组把我们现在看的墓编为1号墓，西边那个编为2号墓，今年（1994年）计划把1号墓清理完，2号墓先对墓室采取应急措施进行保护，将盗洞封堵，防止再遭破坏，根据上级安排可能要过一段时间再清理发掘。说完，白音查干手持用导线连接着的电灯照明，带领我们从墓道、门庭、墓门，步入甬道，进入墓室。一进入墓室，温度骤变，在外面热得受不了，浑身是汗，墓室里却给人特殊的凉意，甚至感觉有点冷。墓室的地面被清理得干干净净，没有任何杂物。白音查干说，这两座墓葬历史上多次被盗，能拿走的东西都被盗墓者拿走了，几乎没剩下什么东西。即使清理墓室内杂土时用筛子筛，也只清理出一些残损的银丝网络残片、鎏金饰物及金环等少量文物。1号墓葬的门是朝南开的，墓门用砖砌成圆拱形门洞，上面有门楼，进到里面发现这是一个"房子"里套"房子"的墓葬。先是一个圆角长方形的大墓室，南北进深5.84米，东西宽5.42米，高5.3米。顶部为穹隆顶，顶部和墙壁都装饰成仿木样子，顶部还画有多根木杆，类似蒙古包顶部的伞状支架。特殊的是墓室中间偏北一点的地方，每面都用整块石材组建了一个近似正方形的石房子。石房子南北长3.7米，东西宽3.16米，高2.36米。门和甬道相对，石房子和墓室四壁不相连，形成一个环状通道，人可以围着石房子四周转。石房子里靠北墙处就是放置墓主人棺椁的棺床。借着电灯光亮，我们看到石室外面绕石室一周外围的墙面上全都是壁画，这些画均为彩色，画中有多个与真人一样高大的站立人物，有男有女；有备着鞍具的高大肥胖的骏马，笼头、缰绳、嚼子一应俱全；还有羊、狗等家养动物。虽然历经若干年（当时还不知道是什么年代的），但色彩仍很鲜艳。画中人的神态、造型特征都很鲜明，表情严肃谦恭，一色契丹人的髡发造型，个个栩栩如生。马、羊、狗等动物也都画得很逼真。进入石房子，迎面墙上画着一张茶桌，上面摆着盘子、碗、杯子，立体感极强。董金友书记介绍说，刚发现古墓室被打开时，有几个当地人进入墓室，看见里面放着桌子、桌上面摆着杯碗，以为是真的，伸手去拿，手碰到墙上，才知道是画的，不是实物。

白音查干手持电灯将光照到西面墙上,我们发现西墙上也画满了壁画,因水浸潮湿,墙皮多已剥落,画面非常模糊,不能看清楚整体画的是什么。但左上角的一处文字却不用费力气就能辨认清楚。其文字为:"天赞二年癸未岁为大少君次子勤德年十四五月廿日亡当年八月十一日於此殡故记。"这段文字太珍贵了,应是关于墓主人身份、死亡和安葬时间的记录,据此可以推算出墓主人死亡、安葬及墓葬建造的时间。再往下看,在一个儒生打扮的人头的上方有"刘楚"二字,也十分清楚。

灯光转向东面墙,东面墙的壁画比西面墙的鲜艳,保存也比较完好,左侧画的是一坐在榻上的男子,留长须、穿长袍。往头上看淡灰底色竖向长方竖框里(后来知道这种类似名签的在竖框里写字的形式叫榜题),标着"汉武帝"三个字。再向上看,有一稍宽稍长的竖向红底色的长方形竖框里标着"降真图"三个大字。右边是四个穿着艳丽服装的仙女驾云而来。四个仙女成一列纵队,从前向后一个比一个高些。前面的一个已落地站稳,后面的三个好像刚刚落地。四个仙女每人上方都有榜题,最前面的榜题未另着色(也许颜色脱落了),直接在壁画底色上画个长方形竖框,框里写"西王母"三个字。第二个榜题为橘红的底色,框里三个字只有第一个字能看出是个"董"字,另两个字看不清楚。第三个榜题框子可见,但框内无底色、无文字。第四个榜题为淡红色,文字已看不清楚。

从1号墓出来,我们又去了2号墓。2号墓的方向和1号墓不同,1号墓朝南,2号墓朝东。墓道比1号墓长,但没有1号墓东西两侧屋檐式的装饰,直接正面一个门楼。进入墓室发现,这是个近方形的墓室,东西进深4.45米、南北宽4.9米、高3.8米,顶部有很大一块石头盖顶。和1号墓一样,2号墓也是"房子"里套"房子"。靠西墙有一个长方形石房子,每一面墙都是一整块石材组装起来的,东西长3.2米、南北宽2.97米、高2.18米,东壁中间为对开两扇石门。和1号墓不同的是石房子后边贴墙,周围不能相通。石房子外面空间包括顶部都画满壁画,但除了顶部比较清晰外,其余大部分都模糊不清。石房子里,原来靠西墙的棺床上尸体残骸都已被清理干净,四壁也都是壁画。东面和西面墙壁上画有人物和花草,多处都已剥落,不仔细看很多地方看不清楚。南北两面墙上的壁画保存较好,特别是南面墙的壁画色彩仍很鲜艳,有画,还有文字。这是一幅满墙的横幅画,画面上有七个人,最左边将要挑担子的是一个男子,其余六人都是女子,中间一夫人画得雍容华贵,应是画中的主角。另外五个女子应是这位女主人的女伴或侍女,都是陪伴这位女主人的,有的手里还拿着东西。在画的左上角,有一较大的长方形橘红底色的竖幅,黑墨书有三行字,仅部分文字清晰可见:"□□征辽岁月深,苏娘颟□□难任,丁宁织寄迥□□,表妾平生缱绻心。"这是一首残缺的七言绝句。画面后景画了很多南方的植物,如竹子、芭蕉等。

北面墙上也是一幅人物画,人数也是七个,主人公也是一个女子,体态丰腴,身穿红衣,在中间守案而坐。乍一看以为是弹琴,细看案上放的不是琴,而是一展开的长卷。女子在读长卷,除仆人前后侍立外,案的右侧还立有一只鸟,白羽毛,红嘴巴,立于案上似在看主人,又似在盯着书卷。背景同样画了些垂柳、竹子、棕榈等南方植物。画面的右上角也是橘红底色的竖幅。因年久沉降,竖幅有几处折断的裂痕,裂痕造成一个字看不清。与南壁不同的是文字竖排从左向右为:"雪衣丹觜陇山禽,每受宫闱指教深,□向人前出凡语,声声皆是念经音。"这显然也是一首七言绝句,意思好像专门赞美立于案边的那只白色红嘴鸟。

细看发现,这两幅画中,女性的头饰上有些闪着金光的地方,不是用颜料画上去的,而是贴的金箔。这在以前我还从没看见过。

以往到类似这种现场探查,照明工具都是手电筒,照明范围很小,而且与周围明暗反差太大,看不清楚,特别容易遗漏。这次有小型移动汽油发电机供电照明,再有白音查干同志的积极配合,条件非常有利。我充分利用了这些有利条件,抓紧时间认真看、认真记。凡文字处就用笔记,壁画则用相机拍照。争取做到看得细、记得准、拍得全,眼睛看不留死角,相机拍不留盲区,笔记录一字不漏,而且完全按照文字原来写法和排列方式进行记录。白音查干一直举着灯，我是又拍又写，用了很长时间，人累得够呛。开始进入墓室还感到有些凉意，待忙了一阵，两个人都已大汗淋漓。等我们从2号墓室出来走上地面时，太阳已经落山了。

晚风从山间吹来，驱走了中午的炎热，送来了山区傍晚特有的凉爽空气。那些中午晒弯腰的庄稼，现在又都挺直了"腰杆"，一时间好像变得更加茁壮和碧绿。我们带着沉甸甸的收获，谢绝了董金友书记的热情挽留，急忙登上汽车，挂挡加油，在落日的余晖里，急速向旗政府所在地——天山镇驰去。

第二天还有重要的工作等着我。

二

我到宝山古墓考察的消息不胫而走。很快，旗里几大班子的领导、机关的同事和社会上关心这类事的人都知道我曾到宝山古墓发掘现场，并且钻到古墓里又记录、又拍照，做了详细的考察。一些人议论着要找我听听情况，借机会好让我再琢磨出点东西来。

于是，我下乡的车厢里、接待的饭桌上、开会的会前会后空闲时间，宝山古墓又成了人们一个必谈的话题。这些人寻根问底，有的甚至穷追不舍。因为此前在众人的追问和"逼迫"下，我写了关于耶律羽之的两篇文章，而且还频频见诸报端和书刊。所以这次再谈起这类事来，已不是探讨我能不能写篇文章、可不可以写这个文章的问题，而是一面倒的风向，就是催我尽快写出篇文章，让大家早点看到。

面对不同层面的催促者，我尽量做些解释，我说现在自治区文物考古研究所和旗文管所已组成联合工作组，派驻专家对已多次被盗的两座古墓进行抢救性清理发掘，待工作结束一定会发表准确的、具有权威性的清理发掘报告的。那时候对古墓的建造年代、墓主人身份及墓内壁画的内容和价值都会有全面的考察结论，到那时一切都会说清楚的。并解释说，这两个墓不像耶律羽之墓那样，有一块完整的墓志，对当时的历史事件都记载得很清楚，费点力气还能搞个相对明白，这两个墓都没有墓志，很难说清建造年代和墓主人身份。再者两个墓内文物几乎全被盗光，只留下墓内满墙的壁画。对文字我尚可辨认分析，对壁画我实在是一窍不通，研究也无从下手，下手也恐一事无成。所以还是耐心等待清理工作结束后文物部门的发掘报告吧。咱们没有金刚钻，别揽这瓷器活。

我不厌其烦地不知解释了多少次，但效果甚微。我的解释和人们的催促力度真有点像物理学上的作用力和反作用力，我做工作的作用力越大，他们向我催促的反作用力也越大，还有点重力加速度的样子。

他们的理由，一是等不起。他们说考古工作是个非常认真、非常细致的工作，考古工作者一丝不苟，不到那些研究人员认为天衣无缝的程度，发掘报告不会往出拿，等几年发掘报告拿出来了，他们也快把这事忘了，而现在正是他们想要知道这些情况的时候。二是发掘报告出来他们也看不到。考古工作在一个专业系统内进行、对社会是相对封闭的，就是哪一天发掘报告出来了，也只是在专业会议上发表、在专业报刊上登载，他们局外人很难看到。三是看不懂。考古是一门专业性很强的学问，对一般人，它充满了神秘感，即使发掘报告出来了、他们能看得到，但那些深奥的理论、那些高深拗口的专业术语他们也很难看懂。并说，因为等不起、看不到、看不懂这些原因，他们不对发掘报告寄多大希望。只希望我能尽快用他们看得懂、听得明白的语言写出篇文章来，让他们把这个事大致搞清楚就行了，而且应在他们急着想知道的时候写出来。

这些意思，在一段相当长的时间里，在不同场合、以不同方式、用不同语言、带着不同的目光表达着，不止一次地重复着。这里面充满着信任、充满着感情、充满着期待。它催着你，推着你，催你奋进，推着你向着一个未知的世界迈进。

在这相对持久的催促下，我当初不想再没事找事的心理开始动摇，那种顶着不做此事的意志渐渐被摧毁了。

三

想为宝山这两座古墓写点东西，对我来说确实很难。我把这两座古墓的情况与此前我研究的耶律羽之墓做了些比较，耶律羽之墓最有价值的是那块完整且字迹比较清晰的墓志，尽管文字辨认推敲需费很大力气，但那确实是一切研究的基础和根据。况且墓志中记载的史实又可与《辽史》、《契丹国志》等史籍中的记载相互印证、补充。可这两座古墓中哪个也没有墓志，只有文字量有限的题记、榜题，而有些榜题看起来和所在墓葬并没有直接联系，它们不能直接说明墓葬的相关问题。再就是墓室里虽到处残存大量壁画，可我对画的研究从题材到技术、技巧方面的知识几乎是一无所知，真要写出篇有价值的文字来，该从何下手啊！

面对来自各方面的催促，又不能无动于衷，于是我便试着着手做些启动准备工作。我把这次去现场考察拍摄的厚厚的一叠照片认真做了顺序排列，把两个墓室里的题记、榜题文字，哪怕只有一两个字的都认真地做成卡片。一有时间就反复翻着这些照片和文字卡片，仔细辨认每一个文字和由文字连成的句子，试图能从文字连接上找出切入点；认真观察照片画面上的每一个细节，想在这些看似与墓主人无关的画面中寻找出与墓主人相关的蛛丝马迹。

屡次翻阅审读，几无收获。无收获，再翻阅审读，再推敲思考，就这样反反复复重复动作。但有一天晚上，我又一张张翻阅照片和文字卡片时，突然产生了一个想法：画面不说话，文字不是可读吗？虽然年代久远，遭水渍浸润，但现存的大多数文字还是能看得比较清晰的，而且文字写得很工整，和现代汉字基本差不多。如果先把这些看得清的有限的文字读懂，或许对壁画乃至对整个墓葬的研究有帮助。这样以文字研究为切入点，也许能进入古墓的神秘世界。

我沿着从文字研究入手的思路，开始了有目的的工作。我利用现有的文史类工具书和近几年收集的辽文化研究方面的资料，先研究 1 号墓的文字。题写在 1 号墓石室西壁画面上方的一处文字较多："天赞二年癸未岁为大少君次子勤德年十四五月廿日亡当年八月十一日於此殡故记"，共 35 个字。经对这段文字反复研究、查阅相关资料，初步得知墓葬的建造年代、墓主人身份、死亡与安葬的时间。

经查《中国历史纪年表》，辽太祖天赞二年为公元 923 年，干支纪年为癸未年。"大少君次子勤德"，只有皇子或皇帝家族的少辈男子才可封为"少君"，那么"大少君"应为耶律氏；"次子勤德"是指墓主人是大少君第二个儿子，叫耶律勤德。"年十四"是说耶律勤德死时只有 14 岁。"五月廿日亡当年八月十一日于此殡故记"，是说耶律勤德死于五月二十日，当年八月十一日埋葬于此，因此记之。这应是一段表达意思完整的文字了。

在漫漶不清的画面左下方一个儒生打扮的人物上方标有"刘楚"二字，文字很清楚，显然标的是这个画中人的名字。对于这个孤立的单个人名，我试图查出其出处，但最终未能查到。

东壁画面上的文字较少，只有标注这幅画名称的"降真图"三个字。画面里标注的人物名字，只有"汉武帝"、"西王母"清晰完整，标注的另一个名字三字中只有第一个"董"字能够辨出，其余两字和后两个女子的标名均辨认不出。说明这是一幅有固定名称的画，画名叫"降真图"。依据此名后来也查到了该幅画的故事内容，下文中将详细叙述。

2 号墓中的文字都在石室里，分布在三个地方，一处是在石门的上方，楷书"朱门"、"永固"四个大字，其意不解自明。

另两处文字分别题在南壁和北壁的壁画上，细读看出是两首七言绝句，虽文字有少量缺损，但仍能读懂意思。

南壁壁画内容应为派遣邮差向外地寄送物件，即将出发时的人物活动场面。左上角的四句诗是"□□征辽岁月深，苏娘顒□□难任，丁宁织寄迴□□，表妾平生缱绻心。"文中的"苏娘"和"织寄迴"这样的文字，为查询提供了线索。经查阅《汉魏六朝诗鉴赏辞典》，再对照画面中的人物位置安排及表情分析，觉得这首七言绝句和这幅画表现的可能是十六国时前秦著名女诗人苏蕙与其夫窦滔的爱情纠葛故事。因画面主要表现的是女主人把织的文锦交予邮差的场面，所以就把这幅画暂叫《寄锦图》。这也是把文字和画面联系起来理解，取得的诗情画意效果。

北壁的壁画右上角的七言绝句，文字中原有一字看不清，经反复辨认，已弄清此字，现在这四句诗文字完整不缺："雪衣丹觜陇山禽，每受宫闱指教深，不向人前出凡语，声声皆是念经音。"诗画对照看也是一幅故事画，表现的是女主人每日读经，久而久之，站在书案上善于学舌的鹦鹉也能熟练地朗诵经文了。与文管所的同志们议论，他们说现在都倾向把这幅画叫做《诵经图》。

经过这样一段时间以文字为线索的梳理推敲，对墓葬（主要是1号墓）建造年代、墓主人身份及所属家族地位、死亡的时间、死亡时的年龄、安葬的时间可以基本确定，对能看清的几幅传统题材及神话内容的壁画有了初步认识，自我感觉进一步详细研究似乎有了一些抓手。

四

正在这时，又发生了一件对我产生很大催促作用的事情。

1994年8月初，我接到市委宣传部的通知，说8月中旬要召开中国古代北方文化学术座谈会，邀请我出席本次会议，并指定我在会上介绍宝山古墓考察的进展情况。这个突如其来的通知又给我带来莫大压力，会议组织者不知是从哪方面掌握了信息，还是凭主观臆断，让我到会上介绍一个清理工作尚未结束的古墓的情况，真是又给我出了个很大的难题。

接到这个会议通知后，我在紧张的工作之余，也在积极做着准备，做些思考，好在是个工作座谈会，不需要提前送交论文材料。

1994 年 8 月 13 日，天下着雨，早上 6 点多我就从阿鲁科尔沁旗政府所在地天山镇出发，赶往 250 多公里外的克什克腾旗热水镇，这次座谈会安排在那里召开。

一路上雨一直在下，不时有山洪咆哮着冲上公路，只好停车等待，待洪水小了再继续行车。市里有些参加会议的部门领导也同样在路上被洪水阻挡，市文化局副局长于雅舟一行就是和我们在等洪水时遇到一起的。这样直到下午 1 点多才赶到热水镇，原定的下午开会时间只好向后推迟。

会议于下午 4 点在热水镇文化中心举行，会议名称为"中国古代北方文化学术座谈会"。共 31 人出席会议，多数为赤峰市内学术界人员。特邀了辽宁省博物馆学会理事长徐秉琨及其夫人包恩梨两位考古界著名学者出席，辽宁省阜新市政法委书记刘国友也以学者身份出席这次座谈会。

会议由市委宣传部副部长于建设主持。昭乌达蒙古族师范专科学校校长韩永年首先讲话。当时中国古代北方文化学术研究中心设在昭乌达蒙古族师范专科学校，因此韩永年校长是以中国古代北方文化研究中心负责人的身份讲话。他说，这次会是一次工作座谈会，主要是研究部署今后中国古代北方文化研究要做哪些工作、应抓住哪些重点、突出哪几个专题。中国古代北方文化以红山文化为基础，又不能局限于红山文化，要明确红山文化覆盖的地域，明确中国古代北方文化研究的对象，特别是在赤峰和辽西一带的研究重点。围绕研究对象和研究重点，组织建设好研究队伍，明确并落实研究课题，调动全市研究力量，集中系统地开发人文资源，使文化研究更好地服务于地方大局，服务于经济建设和社会发展。

第二个讲话的是市文化局副局长于雅舟。于副局长重点通报了全市文保单位和文博工作情况。他讲到赤峰市境内现有各级文保单位 6400 多处，占内蒙古自治区文保单位总数的三分之二左右。全市有 6 个博物馆，5 个文管所。这些机构数量与文物大市的地位很不适应，亟待加强文博、文管机构和队伍建设，切实承担起管理、服务文化工作的重任。

辽宁省博物馆学会理事长徐秉琨先生第三个讲话。徐先生讲话简短，给人以深思熟虑、胸有成竹之感。他充分肯定赤峰地区当前中国古代北方文化研究的队伍阵容和喜人局势，展望赤峰未来中国古代北方文化研究的美好前景。给我印象最深的还是他最后结尾的那段话，他说，纵观人类发展的漫长历史，早期是政治起主要作用，后来是经济起主要作用，将来可能是文化起主要作用。

阜新市政法委书记刘国友做简短发言，主要介绍阜新及辽西地区的古代文化研究情况。

薛志强代表中国古代北方文化学术研究中心办公室汇报中心成立半年来的工作开展情况。

田广林教授提出近期研究课题安排计划，于建设副部长简要总结前段工作，并提出下步工作设想后，第一阶段会议结束。

第二天即1994年8月14日全天进行学术交流，共安排11位同志发言，有辽宁省博物馆学会理事长徐秉琨教授、徐秉琨夫人包恩梨教授、阜新市政法委书记刘国友、克什克腾旗博物馆馆长刘志一、翁牛特旗博物馆馆长贾洪恩、敖汉旗博物馆馆长邵国田、市考古队队长刘冰和队员马凤磊、昭乌达师专教授苗泼、田广林和我。

徐秉琨先生首先发言，这位老先生从红山文化的代表性器物之一青铜短剑说起。他说青铜短剑对朝鲜影响很大，朝鲜承认青铜文化是从中国传进去的。红山文化对日本影响更大，影响比较大的关于"埴轮之源"的说法，就是一些日本学者承认古坟时代的文化是从中国传到日本去的。辽时期与朝鲜半岛的联系更为密切，文化交流渗透也比较频繁。在中国古代，南北朝以前主要受北方文化的影响。徐先生还讲到契丹和鲜卑的联系、契丹民族文化与中原文化的关系等。他说把契丹文化说成是中原文化的反射，这不全面。首先契丹文化是契丹自己的文化，而后才吸收借鉴中原文化，把中原的优秀文化融入到契丹文化之中。后来我才知道，这期间徐秉琨先生的大作——《鲜卑·三国·古坟——中国朝鲜日本古代的文化交流》一书正在准备出版中。该书在 1996 年 8 月由辽宁古籍出版社出版，是一部在考古界有重要影响的著作。

我被安排第六个发言。会议没有要求提交文字材料，这顺应了我的"怕露丑"、"怕留丑"的心理。我主要分以下三个方面介绍。

第一，古墓建造的年代及墓主人身份。我说，根据对 1 号墓题记的考证，该墓建造于辽太祖天赞二年，即公元 923 年。为辽代早期墓葬，可能是迄今为止发现的最早的辽代纪年墓葬。墓主人为耶律勤德，是大少君次子，死时只有十四岁。大少君其人待考，但肯定是耶律皇氏家族成员，所以我把这个墓定为辽代皇族墓。

第二，两个墓内的文字及壁画情况。我介绍了两墓内文字题记、榜题和两首七言绝句的文字情况，介绍了壁画数量和分布、壁画的特色及包含的传统故事、神话故事内容，重点介绍了《降真图》、《寄锦图》、《诵经图》的画面梗概，并展示了拍摄的照片。

第三，初步认识契丹皇族壁画墓发现的意义。一是证明了辽早期就有壁画墓，而且早到阿保机时期就有。此前考古界曾认为辽早期墓葬无壁画，耶律羽之墓内壁画的发现否定了这一说法，宝山壁画墓的发现又把辽壁画墓的时间上推了 19 年。二是通过这两座墓中的壁画可以了解辽早期的绘画的内容和艺术水平，记载和反映了与中原绘画艺术的相互渗透与有机融合。画中的人物，契丹人特色鲜明，中原人唐风浓厚。服饰、习俗、礼仪都表现得极其细致。三是说明赤峰北部阿鲁科尔沁旗一带是契丹人早期活动的舞台。通过画中肥大的马牛羊犬等动物，可知畜牧业经济是当时契丹社会的主要经济，由所画动物都膘肥体壮推测，当时的畜牧业经济比较发达。

因为我讲的是契丹考古的新题目、传递的是最新信息，尽管简略、肤浅，还是引起了大家的重视和兴趣。这一次的任务总算又对付过去了。

从 8 月 15 日开始，与会人员用一天多的时间进行野外实地考察。

15 日上午参观金边堡和砧子山。金边堡又叫金长城、金界壕等，始建于金太宗天会元年（公元 1123 年），基本建成于金章宗承安三年（公元 1198 年），历时 70 多年，是一项规模宏大的古代军事防御工程。它东起内蒙古呼伦贝尔市莫力达瓦达斡尔族自治旗，西至呼和浩特市武川县，全长约 5500 多公里，在克什克腾旗境内 175 公里。车停在金界壕近处，我们下车放眼看去，金界壕像一条绿色的长龙，静卧在草原上，很直，很长，一直伸向草原远方。烽火台很密，把绿色长龙装扮成一节一节的。

上车又走不远就到了砧子山，这是一座火山喷发形成的孤山，因为酷像铁匠炉打铁的砧子，所以人们叫它"砧子山"。虽然海拔有 1347.7 米，在蒙古高原上相对高度只有 50 多米，但在这一望无际的平坦草原上，在这碧波荡漾的达里湖畔，仍显得巍峨高峻。顺着工作人员的指点，我们仔细观察着砧子山上的岩画。这些类似抽象画的符号，有的像马，有的像虎，有的像鹿，有的像骑马持长矛的勇士。线条虽然简单，但形象生动。有的专家说是辽代人所作，也有的专家认为应是更早的远古人类所作。登上砧子山顶，近看浪花闪闪的达里湖，觉得草原风光太美了。

近中午时分到达鲁王城。

午饭后集中考察鲁王城。秋老虎的天气仍然很热，加之古城内的明沙残石助长了热的疯狂。在烈日下，我们一行人有的戴着能少许遮阳的帽子，有的干脆把书本顶在头上，共同进入了鲁王城。鲁王城是元代弘吉剌部兴建的城郭，在克什克腾旗达尔罕苏木镜内。该城建于元世祖忽必烈至元七年（公元 1270 年），建成后赐名应昌府，至元 22 年（公元 1285 年）升为应昌路。因弘吉剌部自建立应昌城后至少有四位首领都被封为鲁王，因此又称应昌城为鲁王城。鲁王城建在达里诺尔湖西南岸的平滩上，依山面湖，山水环抱，景色优美。元代诗人杨允孚咏应昌诗云："东城无树西起风，百折河流绕赛通。河上驱车应昌府，明月偏照鲁王城。"城垣平面呈长方形，南北长 800 米，东西宽 650 米，分为内城和外城。在东、南、西三面城墙中部开设城门，并加筑有瓮城。城墙用土夯筑，现在残高 3～5 米，下宽 10 米、上宽 2 米，该城毁于明中期。公元 1368 年元朝末代皇帝妥懂帖睦尔退出大都（今北京），逃到上都，宣告元朝灭亡。第二年退至应昌府，应昌府成了史称北元的首都。公元1370年元顺帝妥懽帖睦尔病逝于应昌（一说是失踪）。之后的北元两任皇帝，在明王朝军队强力打击下，退向漠北蒙古高原，应昌城即鲁王城最终废弃。被废弃的鲁王城历经六七百年沧桑，遗址中的街巷线影依稀可见，大型殿宇建筑基址和石柱础仍在原位保存完好。面对眼前的残砖碎瓦，联想当年的豪门风光，真有点李白《登金陵凤凰台》诗所描述的感觉："吴宫花草埋幽径，晋代衣冠成古丘。"

8月16日上午，全体人员参观克什克腾旗博物馆。馆长刘志一对馆藏文物情况做了详细介绍，其中不乏一些珍品。使我最感兴趣的是这座博物馆，它本身就是一座古建筑。据刘志一馆长介绍，现在的博物馆是清代的庆宁寺，始建于清乾隆二十五年（公元1760年），占地面积10000平方米，建筑面积3000平方米，是当时昭乌达盟、锡林郭勒盟、河北北部等周边地区佛教活动的中心，曾有驻寺喇嘛100多人。每年旧历六月十三日的庙会，更是热闹非常。现在旗人民政府每年拨付经费，对庆宁寺（今博物馆）不断进行修缮，使其再现当年的辉煌。

参观考察到此结束，整个座谈会也圆满完成。

在大会交流之后，辽宁省博物馆学会理事长徐秉琨先生及其夫人包恩梨教授专门和我交谈宝山古墓考察情况。两位老学者对我这位政府官员涉猎考古学术领域并付诸行动给予赞扬，尤其对我在会上的发言给予肯定和赞赏。二位专家说："你会上的发言虽未成文，但提供的信息、提出的观点很有价值，很有新意。"并说，他们这次从赤峰回沈阳，打算在阿鲁科尔沁旗短暂停留，希望我们能在阿旗见面，并就宝山古墓做进一步探讨。我一听此话，非常高兴，觉得能得到这样的名家指点，真是求之不得，表示我先回旗里恭候二位光临。

徐秉琨先生是我国著名的考古学家，从20世纪70年代开始，长时间担任辽宁省博物馆馆长，潜心研究北方古代文化，尤其专心于契丹文化、鲜卑文化。1974年，时任辽宁省博物馆馆长的他发现并考证了位于辽宁省法库县叶茂台的 7 号辽墓即契丹公主墓，揭开了统治中国北方 200 多年，与北宋、西夏鼎立，盛极一时的辽王朝的神秘面纱，从而翻开契丹考古崭新的一页，在考古界引起很大轰动。该公主墓被评为 1974 年全国十大考古新发现之一，它的发现及考证也成为徐秉琨先生几十年考古生涯中的重要成就之一。在时间过去了近 40 年的 2012 年 3 月 25 日，徐秉琨先生应邀做客中央电视台科教频道《大家》栏目，专门向观众介绍叶茂台 7 号墓的发掘过程和惊人发现，回忆那次令人振奋的不同寻常的考古经历。徐先生又是著名的书法家，与书画鉴定专家杨仁恺先生是同事。他的夫人包恩梨教授也是一位学识造诣颇深的学者，尤其对辽代石雕、砖雕和古代绘画艺术研究更加专深，早有这方面的专著问世。如果他们二位能到阿旗来，在宝山古墓考证方面特别在壁画和题诗方面给予指点，那将对我下一步深入研究有很大帮助。

1994 年 8 月 20 日，徐秉琨、包恩梨两位老学者来到阿鲁科尔沁旗，晚上我们在旗宾馆一起共进晚餐。在晚饭的餐桌上和他们住宿的房间里，我们进行了较长时间的座谈交流。我抓住这个难得的机会认真请教。把我近期写出的关于宝山辽墓文章的初稿、所拍的照片、墓内题字题诗做成的卡片全部拿出来求教，像是小学生请老师审查作业一样。徐先生、包教授二人认真看了卡片、照片、文章草稿，边看边询问和指点。包恩梨老师更仔细，特别对我为两首古诗中缺损文字做的填补，进行了认真的推敲斟酌，使其更符合诗的原意。

交谈结束前，徐先生用带有总结性和建议性的语气对我说："你会上的发言和现在的文章草稿中有些观点是正确的，是应该坚持和肯定的。如古墓的建造年代属于辽早期，是阿保机在位时的公元 923 年这个判断是准确的。关于 1 号墓墓主人身份的认定也是可信的，2 号墓墓主人身份还需进一步研究认定。关于对墓内壁画中的人物形象的分析，'契丹人物，特色鲜明，中原人物，唐风浓厚'的说法也有一定道理。关于神话故事与传统故事中的三幅画名，即《降真图》、《寄锦图》、《诵经图》的推断也比较贴近，但要进一步细致研究再最后确定。"徐先生说，这两座墓因早期被盗，现在的特点是物少画多，要研究这两个墓不能离开画。希望我在古书画研究方面多搜集些资料、多做些研究，尽量把有些东西弄明白。徐先生最后说，政府官员介入考古研究，人数少而又少，要搞出点东西也不容易，我这题目既然已定，文章已经动笔，初稿已经形成，就要继续写下去，再怎么难也要把这篇文章做成，他们期待着早日见到我的正式论文。

第二天早饭后，徐秉琨、包恩梨二位学者离开了阿鲁科尔沁旗，返回了沈阳。

五

参加了在克什克腾旗热水镇召开的中国古代北方文化学术座谈会，在会上听到了各路专家的新鲜观点，很受启发，开阔了眼界，增长了见识。特别是徐秉琨、包恩梨夫妇来阿鲁科尔沁旗的个别指点和具体交代，使我增强了做成这篇文章的信心。

在之后的几年里，我坚持不间断地搜集整理资料，吸收各方面的有关信息。我利用到北京和呼和浩特出差的机会，走遍京城和首府各大书城搜书买书。不但买考古方面的书籍，还注重购买古代书画方面的书籍。有关古代书画作品、各个朝代特别是隋唐五代到辽初这阶段的书画历史书籍都尽量收集。诸如由杨仁恺先生主编、上海古籍出版社出版的《中国书画》等权威性著作都千方百计买到并认真研读。

除此之外，几年里，我还利用工作之便，多次深入宝山辽墓清理现场，与文物考古专家、工作人员交谈。了解考证最新进展情况，提出问题，寻求答案，也讲述自己的最新观点，与他们交流，请他们指点评论。

1994 年秋季，旗里安排几大班子领导分片负责对秋季会战进行检查，我负责东沙布台乡、道伦百姓乡、巴彦花镇、新民乡。

10月17日，我利用在东沙布台乡检查的机会，再次深入到宝山辽墓清理现场，进入1号墓墓室，再次做补充考察。我重新观察壁画的整体布局，认真观察每一幅画，思考墓葬设计者或画师把它们安排在这个位置的用意。品味每幅画中的人物分布安排，分析画中每个"人"所处的位置、姿势和表情，依此推断他们的身份、职责。认真端详画中每个"人"的神态，分析他们的"心理活动"。猜测画师安排他（她）在这里出现、以这样的姿势和表情，是想表达什么。

从工作人员处了解到，1号墓清理工作已接近尾声，清理工作一旦结束，此墓将永远封闭，所以这也是我进入该墓室考察的最后一次机会。

现场还了解到，2号墓现在因条件限制（未细说），暂不能进行抢救性清理发掘。为避免再遭破坏，已对墓室暂时采取应急处理措施，盗洞已经被封堵坚固，什么时候上级文物部门批准，什么时候再对其进行补充发掘。如果再想进入2号墓室观看其丰富多彩的壁画真品，只有等再次补充发掘时才能实现。

带着实地考察产生的疑团，为填补古代绘画方面基本知识的缺乏，我集中利用业余时间读古书画知识工具书，为砍柴而再磨刀吧。

2号墓补充发掘终于有了消息。1996年8月，自治区文物考古研究所和阿鲁科尔沁旗文管所开始对宝山2号古墓进行补充清理发掘，墓门封闭两年多终于又打开了。

这期间我个人的工作又发生了变动，1996年7月31日，市委调任我为中共阿鲁科尔沁旗旗委副书记，8月9日正式到旗委上班。按照副书记分工，我分管宣传、政研、法院、检察院和农村牧区工作。党委的工作虽然面比较广，但相对政府工作还是比较超脱一些。

宝山2号古墓补充清理发掘工作开始后，旗文物部门的同志多次催我去现场考察，但因工作牵扯，一直不能成行。

8月20日，先锋乡兴隆地村农贸市场开业，这在当时是鼓励农村参与市场经济、引导农民走向市场的大事，我这分管农村牧区工作的副书记还是要到会祝贺表示支持的。何况先锋乡又是我的家乡，兴隆地村党支部书记于焕洲也是我高中同学。到现场发现，对农村兴办集贸市场，农民群众表现出了极大的热情，不但本乡和附近乡镇的农民积极参加，甚至邻近的巴林左旗一些乡镇农民也都从四面八方赶来。人山人海，叫买叫卖，场面热闹非常。参加完开场仪式，我和司机简单吃口工作餐，就顶着中午的烈日驱车奔向宝山古墓清理发掘现场。

从先锋乡兴隆地村到东沙布台乡宝山村比从旗政府所在地出发要多绕个弯子，而且是顶着太阳先向西走，再转向西北走。又是一次烈日下行车，正顶着中午的太阳，开车的、坐车的都很不舒服。

这条路是一条颠簸不平、曲折狭窄的乡级路，一路上进村串庄，山路弯弯，扬尘不断。走了几十公里，终于进入宝山村了。因为之前几次到过古墓现场考察，司机和我路已很熟，也不用再找村里人带路，把车一直开到村西清理现场，径直进入了工地。

旗文管所的白音查干仍在那里。他告诉我，内蒙古文物考古研究所的盖志庸先生正在这里工作，我听了感到非常高兴，能在这里和盖志庸这位年轻学者见面，真是不虚此行。盖志庸先生和我是多年的老相识，他知识功底深厚、工作作风扎实、肯于吃苦、为人谦虚和善，多年在阿鲁科尔沁旗搞野外考古。我们有过几次接触，虽然我是半瓶子业余考古人，但盖先生从来都以礼相待，遇有个人交流机会聊得都很投机。他的父亲盖山林先生是国内著名考古学家，对岩画考古有专攻，著作颇丰。一次偶尔在呼和浩特相遇，老先生还专门赠我一本《盖山林文集》，当场又是签名，又是盖印，使我非常感动。

能在这里见面两人都感到非常有幸。盖志庸先生圆润的脸已晒成古铜色，但精神饱满、情绪很好。简单寒暄后，我们一起进入2号墓室。盖先生介绍，这次补充发掘重点对2号墓的墓道和墓区的茔墙、茔门进行解剖和测绘。室内的壁画已都进行拍照和重点处理，这些工作做完后，就和1号墓一样，对墓室进行永久性封闭。我还向盖先生提出2号墓里壁画题诗中"苏娘"和"征辽"两词同时出现应如何理解等问题。盖先生说："这有待咱们在整理发掘报告和进行文字研究时共同探讨吧。"这次与"壁画"告别的考察活动在我们谈笑风生的轻松气氛中结束了。

六

在工作之余，我坚持边读书、边对照两座辽墓中的壁画文字资料、边撰写论文。对一些已基本确定的东西，如 1 号墓的建造年代、墓主人身份做初步认定，力争搞准确。对遇到的问题坚持多问几个为什么、搞清是什么。如 1 号墓墓主人死时只有 14 岁的勤德，题记中说他是大少君次子，大少君是谁？勤德死时年龄太小没有入史，《辽史》中找不到，他的父亲应该入史吧？贵为大少君的人是谁呢？我当时认为辽初耶律阿保机在皇帝位，他的大儿子——被立为太子的耶律倍最有资格称为大少君，但耶律倍约为唐昭宗光化二年或三年（公元 899 年或 900 年）出生，比该墓主勤德出生年份只早十年左右，故勤德不可能是耶律倍的儿子。《契丹国志·诸王传》在《东丹王传》里记载："太祖崩于渤海，述律后使少子安端少君守东丹，与长子突欲奉太祖之丧，发渤海。"这里说辽太祖阿保机死于渤海（东丹国），述律皇后指定他的小儿子和安端少君留守在东丹国，防其生变。她和长子突欲（耶律倍）护卫着阿保机的灵柩从渤海（东丹国）出发回上京。安端是谁？经查《辽史·皇子表》，阿保机一共弟兄六人，阿保机为老大，其五弟名叫安端，字猥隐，"天禄初，以功王东丹国，赐号明王"。把《契丹国志》与《辽史》这两段记载结合起来分析，阿保机的五弟安端确曾为"少君"，墓主勤德有可能是安端之子、阿保机的侄子。但题记中说勤德是"大少君"次子，而安端之称为"少君"，不是"大少君"。这样看"少君"好像不止一个。因此也有学者说"少君"或"大少君"不是专指哪一个人，是指皇子一级的人物。如果有若干个"少君"，要么得有个排序，如"大少君"、"次少君"、"三少君"等，要么得分分等级，如分为"大少君"、"少君"等。按此说法，勤德是不是安端的儿子也无法定论。

所以只能确定墓主人是 14 岁的耶律勤德，他的父亲是大少君，他肯定是耶律氏皇族成员。

"勤德"，又是一个熟悉的名字。因为在耶律羽之墓志里有这样的记载："曾祖讳勤德，迭列夷离堇，北大王。"是说耶律羽之的曾祖父名叫勤德，曾任迭列部夷离堇，被封为北大王。人们会问，这里埋葬的是那个勤德吗？耶律羽之墓志里记载的勤德，是耶律羽之的曾祖父，也是大辽开国皇帝耶律阿保机的曾祖父。不考虑其他因素，单从年龄上看，阿保机出生于唐咸通十三年（公元 872 年），耶律羽之出生于唐大顺元年（公元 890 年），作为他们共同曾祖父的勤德，年龄至少应比他们大四五十岁。而这里埋葬的大少君次子勤德，公元 923 年才只有 14 岁，所以这个勤德，绝不是耶律阿保机与耶律羽之曾祖父那个勤德。这就是在同一家族里上下辈分人之间的重名现象，这种重名现象在契丹民族中极为常见，如耶律羽之墓志中记载，羽之的爷爷和他的大哥祖孙两人的名字都叫曷鲁。

关于 2 号墓的墓主人身份考证更难。无墓志，亦无像 1 号墓那种标明墓主人身份的题记文字。墓内壁画中的两处题诗都和墓主人身份无直接关系。根据所存遗骸分析，这里安葬的是一位成年女性。细细品味，只能理解为建墓者当时根据这位女性墓主人生前的身份、地位、品德、性格及爱好，选择两幅与她这些情况相匹配的传统故事画绘制于她的墓室中，意在暗喻其人品和风格之高尚。

2 号墓墓主人身份考证过程中也不乏一些有趣故事。因墓内石室南墙壁画我们叫它《寄锦图》的题诗中有"苏娘"这一女性称呼，又听说通过遗骸分析，这里安葬的是一位成年女性，有些人就以"苏娘"和这个成年女性相对应，简单地认为这里安葬的就是苏娘。还有人据此写出文章，说在宝山发现汉族贵妇苏娘墓，在一定范围内传播。当然搞专业考古的人员是无暇理会这类低级错误的，但我认为还是应适时对这些说法作些分析说明，以免以讹传讹。我认为墓室内的壁画，就像民间过年贴年画的风俗一样，买年画、贴年画要根据个人的喜好，选择不同的内容、不同的故事。不同内容、不同故事的年画里有不同的人物，不能画有哪个人物的年画贴到哪家的房间里，就说这里就是画上这个人物的家了。而壁画上的题诗是针对画面内容而提的，是"画意"体现"诗情"，不是直接标明墓主人身份。苏娘是画中故事的人物，绝不是墓主本人。如果那样推理，1 号墓壁画人物中有一个人标明是汉武帝，能说那是汉武帝墓吗？画面上汉武帝对面标的就是西王母，怎么也不能因此把 1 号墓说成是汉武帝和西王母的合葬墓吧？1 号墓题记上已标明是耶律勤德墓了。

这些低层次的争论似一阵风过去了，最让人费脑筋的还是光凭这些画面和题诗无法确定 2 号墓的墓主人身份。这个成年女性为什么和14 岁的皇族男孩葬在同一墓园，又距离这么近呢？有人推测可能是耶律勤德之母，但推测归推测，没有可靠的证据出现是绝不能确定的。因壁画和题诗里中原氛围浓厚，《寄锦图》一画似又含着神秘的思恋之情。由此我认为她很可能是被嫁到耶律家族中的来自中原的一位女性，此论也纯属于推测。通过对墓葬结构和建筑风格进行分析，2 号墓与 1 号墓应属于同一时代建造，具体时间难分先后，应同属于耶律氏早期家族墓葬的一部分。它们是迄今发现的辽代最早的壁画墓，距唐朝灭亡仅仅 16 年。

随着时间的推移，对两个墓内壁画的研究越来越深入，脉络也越来越清晰。总的看，众多壁画中，除了花卉、禽鸟、动物、植物等用于代表一定民族、时代风格并起装饰作用外，人物在壁画中占有重要地位，两个墓内壁画中能看清的各类人物有 46 个。美国芝加哥大学巫鸿教授的研究成果我感觉可能最接近 10 世纪造墓的历史事实。根据壁画特点，造墓人把两个墓室分别划分为三个空间：一是从墓门到石室门，这个空间画的是几对差不多和真人一样高大的男女门吏和侍者，都是契丹人形象，他们的职责类似门卫和保安人员。第二个空间是墓室里石房子外围的环形或非环形（2 号墓）空间，这个空间应是为墓主人生活起居服务的空间，画有若干与真人同样大小的各类服侍人员，或行叉手礼站立或端有饮食和日用器具，还有备有华丽鞍具的马匹及奔马驭手。这些人中大概应包括书童、马夫、厨师、随从等。总之这是一个为墓主人生活服务的成建制配套的服务班组，而且也是清一色的契丹人形象，应当理解为这是墓主人生前生活服务仆众的再现。第三个空间就是石房子内部空间。两个墓的石房子内部都采用与另两个空间截然不同的绘画风格，选择了四个来自中原的历史和神话故事，区分墓主人的性别、身份等特征，用很大的画幅分别绘于两个石房内的石壁上。1号墓绘制的是《降真图》和《高逸图》（因模糊不清，至今未定）。2号墓绘制的是《寄锦图》和《诵经图》。把这两个封闭空间转化为一个虚幻的、超越现实生活的历史和神话领域。

有专家认为，这两个墓内的这些内容和风格迥异的壁画，是契丹画家和来自中原的画家共同合作的作品。契丹画家绘制石室外和夹门处的契丹人物像及犬马等，来自中原的画家绘制石房子内以汉族历史和神话传说为题材的大型故事画。

以契丹人物形象为内容的生活起居空间的契丹画，富有极强的写实感，可视为当时契丹贵族生活的真实记录，也许就是为墓主人生前生活服务的成建制配套班组那些人的写真形象。而选自中国古典文学题材的四幅图画因故事比较典型，流传年代较为久远，故事有相对固定的版本，绘画似乎也有比较定式的蓝本。下面就和朋友们一起欣赏一下基本能确定的墓中三幅画的故事。

绘制于1号墓石房子里东壁上的《降真图》，描绘的是汉武帝与西王母会见的故事，源自《汉武帝内传》。原文是：

> 元封元年……至七月七日……王母至也……，王母上殿
> 东向坐，着黄锦袿襡，文采鲜明，光仪淑穆，带灵飞大绶，
> 腰佩分景之剑，头上大华结，戴太真晨婴之冠，履玄璃凤文
> 之鞋，视之可年三十许，修短得中，天姿蓓霭，云颜绝世，
> 真灵人也。

还有一种说法，说汉武帝做了皇帝，不便到外面拜神，就在皇宫院内单独建了一座承华殿，专来供奉神仙。他的虔诚感动了西王母，

欲亲自下凡见汉武帝。七月初七这天晚上,汉武帝又到承华殿祭拜神仙,忽有青鸟从西方飞来。汉武帝不认识此鸟为何物,就问身边大臣东方朔。这位无所不知的东方朔说,这青鸟来自昆仑山,是西王母的使者,青鸟既来,说明西王母很快就会降临。汉武帝又惊又喜,赶紧安排重排香案,再整衣冠,恭候西王母降临。果然没过多久西王母率众仙女飘飘降落,由仙女董双成搀扶登上承华殿,与汉武帝相谈片刻,西王母对汉武帝虔诚敬神给以褒奖,当面许他开疆拓土、文治武功,成其江山一统的宏图大业,保佑他江山永固,并赠他《五岳真形图》及五个蟠桃(也有说七个的)。汉武帝诚惶诚恐、毕恭毕敬地接过《五岳真形图》和几个硕大的蟠桃连连拜谢。这个吃遍了天下山珍海味的皇帝还从没见过这么漂亮诱人的大桃呢,他情不自禁地拿起一个蟠桃咬了一口,顿觉异香无比,在人间他从来没吃过这么美味的桃子。索性一口气把一个蟠桃吃完,看着手里的桃核在心里琢磨,用这桃核做种子,在宫院内种植桃树,我不就可以永远吃这蟠桃了嘛?西王母看出汉武帝的意思,笑着说"此桃三千年一生实"。汉武帝一听,方知此桃只应天上有,人间凡土难种植。

《降真图》上,西王母身后共有三个仙女,前面的一位身材娇小的仙女上方竖框榜题只剩下顶部一个"董"字,那应该就是董双成,是专为西王母看守蟠桃的蟠桃仙子。她本是西周时代钱塘江畔一位绝色美女,在飞来峰下种桃成林,爱桃如痴如醉。后来她又采撷桃花,配以芝草,炼制丹药。偶有闲暇,吹笙自娱,引来百鸟空中翱翔,更有仙鹤飞来。在一个春光明媚的午后,董双成炼成一炉"百花丹",异香扑鼻,自食数粒,神气清爽。取笙吹奏,引来百鸟群集,更有仙鹤翩然而降,董双成跨上鹤背,仙鹤驮她冉冉飞升,一直飞到昆仑山,来到西王母身边,得到西王母的喜欢和信任。很快董双成就成了西王母贴身侍女的领班,并奉西王母之命看守蟠桃,称为蟠桃仙子。西王母共有四名贴身侍女,董双成之外,还有王子登、郭蜜香、纪维容三人。这幅《降真图》中,西王母只带来了三人,另两位的姓名还看不清了,还有一位没来,是不是留一人在昆仑山留守值班呢?

唐朝诗人曹唐还专有一首诗，写的就是汉武帝与西王母会见的故事。诗的题目叫《汉武帝将候西王母下降》，诗全文如下：

> 昆仑凝想最高峰，王母来乘五色龙。
> 歌听紫鸾犹缥缈，语来青鸟许从容。
> 风回水落三清月，漏苦霜传五夜钟。
> 树影悠悠花悄悄，若问箫管是行踪。

宝山墓葬建造者把《降真图》这幅具有浓厚道教色彩的画设置于耶律勤德墓室中，其寓意可能是祝福他由西王母接引成仙升天。另一层意思也许是想使这个只有 14 岁可能还未有妻室的男孩，整天生活在仙女环绕陪伴的浪漫环境里，不致孤独寂寞吧。

绘制于 2 号墓石房子里南壁上的《寄锦图》，表现的是古杂体诗《璇玑图》描写的苏若兰织寄回文锦的故事。以这个故事成画自唐代就开始了，因此墓中所绘之画也应取自中原画作定式之蓝本。画面虽多有定式，但文字故事却情节多变，无一定稿。

图中的女主人公"苏娘"应为苏蕙，字若兰，是十六国时前秦著名女诗人，武功（今陕西）人，苏道质第三女。据《晋书》记载，苏蕙不仅"仪容妙绝"，而且"智识精明"，十六岁嫁夫窦滔。窦滔通经史，能文武。苻坚时为秦州刺史，后因违抗朝廷圣旨谪戍流沙（今敦煌）。苻坚攻克襄阳后，又请窦滔复出并封为安南将军，留镇襄阳。窦滔在别宅置宠姬赵阳台，"歌舞之妙无出其右"，窦滔欲携赵阳台与他夫妇同往襄阳赴任，苏蕙爱情专一，容不得第三者，故愤而不肯同行。一怒之下，窦滔遂抛下苏蕙，独携赵阳台到襄阳上任，并从此断绝了与苏蕙的"音问"。"苏氏悔恨自伤，因织锦为回文，五彩相宣，莹心辉目。纵广八寸，题诗二百余首，计八百余言。纵横反覆，皆为文章"，名曰《璇玑图》。为表达自己对丈夫的思念，她将精心织成的回文锦差人寄至襄阳，窦滔见诗后，"循环宛转以读之，词甚凄切"，令其甚为感动，遂把赵阳台送回关中，备车以礼将苏氏接到襄阳，使这对夫妻破镜重圆，再次团聚。此故事自晋代起既已见诸典籍，不断流传，不断演变，到唐如意元年（公元 692 年），武则天亲自撰写了一篇《织锦回文记》，使这个故事更加详备，这皇家御笔一出，使这个故事也更具有了权威性。

壁画描绘了苏蕙正遣使向她丈夫送回文锦的场景。在五个女性同伴或侍女的簇拥下，她左手持刚刚亲手织成的载有回文诗的彩锦，右手指着信使，看样子正在向信使交代一定把此物亲自交给她在远方的丈夫窦滔，叮嘱此物如何重要、一路上要倍加谨慎之类的话。她的脸上洋溢着希冀的表情，看来她对以此举来挽救自己的婚姻家庭命运充满了希望。信使是一个身材不高的年轻男子，微曲上身，双手合拢于胸前，一种表示忠实可信的姿态。长衣宽袖，布带扎腰，担子摆在面前，一副准备远行的样子。一个高髻侍女，右手拿着一个小卷轴，一边正要递给信使，又一边回头看着女主人，似等着她的明确指示，那或许就是苏蕙写给窦滔的亲笔信。

题于画中的七言绝句残诗，由我填补并经包恩梨教授审查后认为原诗应该是："夫婿征辽岁月深，苏娘顦悴实难任。丁宁织寄迴文锦，表妾平生缱绻心。"但"征辽"一词总觉得费解，一直困扰多年。不久前读了巫鸿、李清泉两位教授合著的《宝山辽墓 材料与释读》，使我受到启示，按照这首诗有可能是作画人参与其中借题发挥这样的思路，觉得理出点头绪。由此推测，画《寄锦图》这个人极有可能是中原的画师，被辽国所掠，身陷北地，背井离乡，供辽人使役多年不能回中原老家，难以见到远方的亲人，思念离别多年的妻子，心中极其痛苦，积郁了满腔的怨愤。这次被派到耶律氏的家族墓地，为该墓石室作壁画，在作《寄锦图》这幅画时，手中画笔画出的人物情景触动了他的心，画中人苏蕙的不幸遭遇引起了他的共鸣。于是，他巧妙地利用为壁画题诗的机会借题发挥，在这个很少有人能看到的角落里，发泄自己内心积聚的郁闷和满腹惆怅。有意地把原来苏蕙故事中的"被徙流沙"改换成了"征辽"，在一个传统的绘画和文学主题中加入了他自己的切身生活经历。用"夫婿征辽岁月深"一句，影射出自己长期独在异国他乡的思乡思亲的处境。以"苏娘憔悴实难任"一句想象着身在遥远家乡的妻子难耐的思夫之情。这个"征辽岁月深"应是画家参与进来借此抒发自己情感的暗示。不管这样的推断是否真实，却把百思不得其解的"征辽"二字理顺了，不是画中人苏蕙思念远方的丈夫在"征辽"，而是作画的这个中原画师在"征辽"，是画师被辽"征"了啊！

绘制于 2 号墓石房子北壁上的《诵经图》，已被以中国社科院副研究员吴玉贵为代表的越来越多的学者认为应叫《杨贵妃教鹦鹉图》。

"雪衣丹觜陇山禽，每受宫闱指教深。不向人前出凡语，声声皆是念经音。"四句题诗，文意浅显，描写直白。简明的 28 个字，把这小精灵的出身、形象、技能特长都描写得明明白白。再读下文发现"雪衣"二字把它的名字也报了出来。

陇山禽，是指出产于陇山的鹦鹉。陇山，又名"大陇山"、"六盘山"、"鹿盘山"、"鹿攀山"等，地处宁夏和甘肃南部、陕西西部。主峰在宁夏固原、隆德两县境内，最高海拔 2928 米。山体大致为南北走向，长约 240 公里。是陕北黄土高原和陇西黄土高原的界山及谓河与泾河的分水岭，曲折险峻。古代盘道六重始达山顶，故今名"六盘山"。陇山出产的这种少有的鹦鹉，被称作西域之灵鸟。这种珍稀鸟类在唐代被当做地方贡品，陇地臣民不惜冒着生命危险猎取陇山鹦鹉向朝廷进贡。唐代诗文中，有很多把鹦鹉与陇山联系到一起的作品。如唐代诗人岑参的《赴北庭度陇思家》中有"陇山鹦鹉能言语，为报家人数寄书"的句子，中唐诗人王建的《闲说》中有"秦陇州缘鹦鹉贵，王侯家为牡丹贫"的句子。

题诗中说，这只白色羽毛、红色嘴巴的来自陇山的鹦鹉，进入宫中饲养，在调教师的悉心调教下，语言能力特别强，说普通话对它已是小儿科了，连那繁琐的经文它都背诵得非常熟练。

唐人郑处海撰写的《明皇杂录》中记载的故事应是这幅壁画的文字蓝本。唐玄宗时期，岭南地方进贡一只白色的鹦鹉，美丽动人，玄宗和杨贵妃给它起名叫"雪衣娘"。这只灵鸟在宫中备受宠爱，待遇极高，被调教得很伶俐、很驯服，语言能力特别强。玄宗吟诵近人诗篇，雪衣娘听之便能成诵，而且不出现错误。杨贵妃就试着教它读《多心经》，很快雪衣娘就能熟练背诵，而且昼夜在杨贵妃身边念此经文，好像是在为杨贵妃祈祷。更有意思的是当玄宗与嫔妃、诸王下棋博戏，玄宗快要输的时候，玄宗的侍从便唤雪衣娘。雪衣娘立即跃上博局，或双翅煽动、脚踏局盘，或用嘴啄嫔妃或诸王的手，使现场秩序大乱，为难堪的玄宗挽回面子，博局只好重来。有一天，雪衣娘正在宫殿玩耍，突然遭猎鹰袭击而死。玄宗、杨贵妃悲痛万分，将雪衣娘隆重地葬在宫苑，特地建了个坟，这个坟起名叫鹦鹉冢。

这个故事应是这幅画的文字蓝本，这幅画应是《明皇杂录》文字记载的画面艺术再现。榜题的"雪衣"是明指的雪衣娘，既然能确定雪衣娘的身份，那么端坐其中教雪衣娘读经的应该就是历史上最具美名的唐玄宗的贵妃杨玉环了。

因为从唐玄宗时开始，宫中就有《太真教鹦鹉图》的画作出现，而且逐渐流向宫外，传入民间画师之手。我们可以大胆推测，绘制宝山辽墓里的这幅画作的画师，极有可能就是掌握这一画作蓝本的前朝传人，他所画的这位教白鹦鹉读经的雍容华贵的女子的面貌，也可能就是当年杨贵妃的真实容颜。

2号墓壁画所表达的以两个女人为中心的故事，使我们不禁思考：一千多年前契丹皇族指定的该处墓葬的设计者、建造者和画师，为什么把这样两位社会地位如此悬殊、做人风格截然不同、所处朝代相距较远的女人，偶像般地绘制在这封闭的空间里，千年陪伴这位沉睡在尸床上的成年女性？其选题的标准是什么？它暗喻着或折射着墓主人哪些特性和品格？千年后的我们可能难以真正理解10世纪初期这个中原文化与契丹文化相糅合的文化现象的含义。也许是用苏蕙对爱情的忠贞来崇尚墓主人的情操，也许是用人与鹦鹉专心诵读《多心经》的行为来暗喻墓主人对佛教的崇拜和笃信，也许……

巫鸿教授在他的《黄泉下的美术》一书中指出："宝山二号墓中这两幅历史性壁画属于为已故的辽代王室女子构建的一个特殊的女性

空间。这一空间反映了当时的宫廷趣味，糅合了时尚、奢侈、阅读和浪漫幻想等各种成分。这个浪漫的女性空间——而非孝子烈女的图像——构成了埋葬于此墓中的契丹女子的永恒家园。"

沉睡千年的宝山辽墓，真是隐藏在宝山下的一座宝库，一座历经千年仍绚丽多彩的艺术宝库。

七

1998 年 7 月，市委宣传部通知，"中国北方古代文化第二届国际学术研讨会"将于 8 月上旬在赤峰召开，要求我出席本次会议，并向会议提交关于宝山壁画墓的论文。

又是一篇定时交卷的命题作文。好在此前已有了一些准备，没有造成临阵前的措手不及。

1998 年 8 月 6 日上午 8 时，"中国北方古代文化第二届国际学术研讨会"在赤峰宾馆举行隆重的开幕式。除中国大陆学者外，来自日本、法国、韩国、美国、意大利、加拿大、匈牙利、俄罗斯等国家和台湾地区的专家学者百余人到会。内蒙古自治区人民政府副主席宝音德力格尔、中共赤峰市委书记刘玉祥、市长高延青等党政领导出席开幕式。市内外众多媒体记者到会采访。

开幕式由中共赤峰市委副书记照那斯图同志主持。原全国政协常委、政协赤峰市委员会副主席、赤峰红山文化学会会长、辽金元史学会理事长苏赫因病未能到会，由赤峰民族师专校长殷轶代表他向大会致开幕词。开幕词说，本次会议将要就北方文化在中华国家、中华文明和中华民族的形成和发展过程中的历史地位和重要作用问题进行深入研讨，并将对西辽河地区的历史文化遗迹和一些重要的文博馆进行实地考察。开幕词特别指出："让我们感到振奋的是以宿白先生为代表的一大批在国内外学术界享有盛誉的高层学者光临本次会议，这本身就标志着我们北方文化研究事业的发展。"

市委宣传部副部长、赤峰红山文化学会副会长于建设介绍出席大会的中外专家学者。

赤峰市人民政府市长高延青致辞。

内蒙古自治区人民政府副主席宝音德力格尔致辞。

随后,中国考古学会会长、北京大学考古系宿白教授,中国社会科学院考古所副所长乌恩研究员,故宫博物院原院长、国家文物局专家组成员张忠培教授,日本中国东北考古学会会长秋山进午教授,美国丹佛大学人类学系主任南沙娜教授先后致辞。

赤峰市文化局局长李瑰峰宣读有关部门发来的贺电,赤峰民族师专历史系主任、赤峰红山文化学会及辽金元史学会秘书长田广林副教授宣读有关学术组织和个人的贺电。开幕式持续了两个小时结束。

开幕式后,全体与会人员乘车到赤峰博物馆,先在馆前合影留念,然后参观博物馆。赤峰博物馆为迎接此次会议做了充分准备,展厅布置装饰一新。全馆包括红山文化、草原青铜文化、契丹辽文化、荣宪公主昔日风采四大展区。丰富的展品、科学的排列、讲解人员热情详细的解说,受到与会者的高度赞扬。展品中像金字《甘珠尔经》这类罕见的稀世珍宝令观者不忍离开。

整个会议分两个阶段进行,第一阶段5天,第二阶段10天。

8月6日下午和8月7日全天进行了一天半的野外考察。

8月6日下午首先考察夏家店遗址。夏家店遗址位于松山区王家店乡夏家店村。早在1960年,刘观民、徐光冀便率中科院考古所内蒙古工作队到此进行了首次考察,并分别命名了"夏家店下层文化"和"夏家店上层文化"。

下午考察的第二个点是红山后遗址,这是红山文化的代表性遗址。1935年日本考古界的滨田耕作等人在此开始大规模盗掘,1938年出版《赤峰红山后》一书。到1955年中国考古学家尹达先生的《新石器时代》一书出版,"红山文化"被正式命名。很多学者第一次到红山后遗址,纷纷拍照留念。全体人员又一起游览了红山国家森林公园。

8月7日早饭后,与会人员先参观松山区文管所的馆藏文物,然后到喀喇沁旗永丰乡大山前考古发掘现场，联合考古队正在对属于夏家店下层文化类型的遗址进行考古发掘。

接着我们驱车来到位于松山区猴头沟乡的辽金官窑遗址。遗址分布面较大，方圆有 2 平方公里，范围包括猴头沟乡的黄土坑、缸瓦窑、水泉沟三个自然村，东西长近 1500 米，南北宽 1000 多米。从堆积情况分析，它跨越了辽晚期、金前期、金晚期，时间跨度近 150 年。

在猴头沟乡政府吃完午饭后，下午参观位于松山区孤山子乡的夏家店下层文化石城和阴河岩画。到达石城不一会儿，天突然下起雨来，野外考察无法进行，只好上车返回市区。

8 月 8 日全天进行大会学术发言。上午的主持人为刘观民研究员和日本的秋山进午教授。上午共有 9 位专家发言，他们是张忠培、徐光冀、田广金、乌恩、郭大顺、杨美莉、秋山进午、詹子庆、杨虎。这 9 位都属于学者中的大家，他们考古的经历广、阅历深、立题高、语言精，或旁征博引，或贯古通今，深受大家欢迎。

故宫博物院原院长张忠培教授重点讲述以赤峰为中心的红山文化区域在考古学文化中的历史地位和重要作用。他认为红山文化时期相当于中原半坡文化时期，夹砂陶和彩陶是其代表器物，赤峰一带出土较多。这充分说明，赤峰这一时期的文化有可能是先秦时期旧石器向新石器时期转化的另一种类型。这里农业特点不明显，可能是渔猎业类型。"农业革命是旧石器向新石器变化的条件说"有一定局限性，不能拘泥于一种形式。这里是产生青铜文明的地点，红山文化晚期进入青铜时代，是青铜文明的发源地。在长城以东一带，形成燕文化的伙伴，这个地方值得考古界做重点研究。

辽宁省文化厅原副厅长郭大顺研究员在发言中讲到东北文化区及其前沿时，把古代中国划分为三大经济区，即粟作经济区（黄河流域）、稻作经济区（长江流域）、采集渔猎经济区（黄河流域以外的北方地区）。满族吸取和发挥了采集、渔猎经济的特点，建立了清朝，统一了中华民族。

东北师范大学出版社总编辑、历史系博士生导师詹子庆教授多年从事居落和居落结构的研究，他认为从平等居落到中心居落的发展是人类社会的进步。他认为要重建史前史，重建上古史，对古代文明不可低估。赤峰在古代是各部族向往的乐土，地位非常重要，需要跨地区文化综合研究。关于农业文明和畜牧业文明的次序问题，他认为在这一地区可能是交织出现的，有的可能由农业文明到畜牧业文明，它与生态环境变化有关。西辽河地区考古方面有很多文章可做，历史上好多迷还没有解开。

下午继续进行大会学术发言，主持人为杨美莉和徐光冀。由于下午的两位主持人对时间控制的不严格，有几位发言人用时较长，所以一下午只有 6 人发言，他们是徐苹芳、塔拉、池田哲郎、郑绍宗、徐秉琨和林永珍。

几位发言人所谈及的内容层次很高，很多内容我以前闻所未闻。6 人中半数以上谈的是辽金鲜卑方面的内容，正是我所关注的题目，所以听得进、记得细，很有收获。

中国社科院考古所徐苹芳研究员谈的主题是辽代考古的几个重点问题。他说赤峰是契丹的本土，赤峰成为契丹研究中心是可能的。第一，辽代考古的基础工作是分期和分区。辽文化与汉文化是独立的文化，辽建国后分北南两院，分管辽和汉，所以要分开研究。辽的分区用五京来划分。上京、东京及附近属契丹文化区，南京、西京及附近属汉文化区，中京处于契丹和汉文化杂处地区，不能把两种不同的文化混到一起。在分区基础上研究融合，融合贯穿辽代始终。第二，要重视契丹早期考古，探索契丹早期的发展。要重视这个课题，这个课题只有考古学家做得了。现有的史籍对这段历史记述十分简略，契丹早期的历史是渺茫的。第三，辽代城市考古应从城市功能上来区分类型。可分为都城、地方城市、奉陵邑、头下军州。上京、东京是早期都城，都是两城制，南北两城连在一起。契丹人住皇城，契丹以外的汉族和其他民族主要从事手工业的人住汉城。这是按照区分民族和不同政治地位来设计建设的。辽的两城制，是辽代经济特点的反映。第四，加强辽代陵墓的研究。要将辽代的契丹人墓与汉人墓分开研究，要研究契丹墓与唐代墓、北宋墓有什么关系：哪些方面受到影响，哪些是契丹固有的，哪些是唐代的，哪些是北宋的，对契丹的影响什么时候是增强的、什么时候是削弱的，辽国中的汉人墓情况如何……实质上是反映汉契文化融合上的变化，这些对研究辽代历史有极其重要的作用。第五，加强辽代佛教的研究。辽人信佛，辽庆州白塔出土的文物里有丝织品、有经卷。近年来，辽代墓被盗情况很猖獗，很多被盗辽墓里的文物充斥国外市场。地方政府应负起责任，制止盗墓、盗文物现象。

河北省考古研究所的郑绍宗研究员以几十幅投影照片详细介绍了他主持清理发掘的张家口地区宣化辽墓——张世卿墓的情况。这是一座辽代的汉官壁画墓，墓中壁画有《出行图》、《散乐图》、《茶道图》、《财富图》、《备宴图》、《备经图》、《十二生肖图》、《二十八宿图》。契丹官方接待宋朝官员时，表演散乐的人员都要穿官服、带幞头。《散乐图》上有 12 个人的乐班、1 名舞者，演奏有指挥，使用的乐器中还有马头琴。《备宴图》中桌上有三个瓶子，上写"张"字。墓内殉葬品里有装着液体的玻璃瓶子，经化验液体含有乙醇，郑先生亲口尝过，还有酒味。《茶道图》里不但有散茶，还有茶砖。

曾较长时间担任辽宁省博物馆馆长的徐秉琨研究员的发言，使大家对鲜卑族的认识耳目一新。他说，慕容鲜卑作为东部鲜卑三大部（宇文、段氏、慕容）之一，是汉化最深的一支。慕容鲜卑先后打败了宇文、段氏两部，公元 3 世纪初至 5 世纪中叶在以龙城（今辽宁省朝阳市）为中心的大凌河流域先后建立了前燕、后燕、北燕，这些都是中国历史上五胡十六国时期由慕容鲜卑和后来鲜卑化的汉人建立的地方性割据政权。从公元 337 年慕容皝称公起，到公元 436 年鲜卑化的汉人冯氏北燕灭亡，前后近百年。慕容鲜卑在五胡纷争、十六国林立的历史舞台上曾扮演了一个十分重要的角色，对当时周边乃至后世都有重要影响。契丹族就自称"鲜卑别部"。

近年来辽西地区鲜卑考古的发现，更证明这是一个颇值得瞩目的中国北方地区古代少数民族。如 1965 年在北票发现的北燕冯素弗墓，有明确的年代可考。冯素弗是十六国时北燕天王冯跋的弟弟，是鲜卑化的汉人，史书记载死于公元 415 年。墓中出土了马具、金步摇（摇钱树）、印、砚等，有头龛，头龛内有祭肉。墓中有壁画，壁画中女人穿彩条裙。特别是在石椁墓中出土的双马镫，是世界上现存最早的出土马镫。证明生活在辽宁西部的鲜卑慕容氏在 1600 多年前就最早使用了马镫，此后传遍大江南北、朝鲜半岛和日本，200 多年后马镫沿着草原丝绸之路传播到欧洲。北票房身村发现的三座石墓属于前燕时期的，出土了一些金饰品，其中金步摇上面挂着金钱。朝阳十二台发现的埋有后燕纪年墓表的崔遹墓出土文物中有铁釜，墓主人曾任昌黎太守。考古研究发现鲜卑文化和汉文化融合较紧密，鲜卑民族也信奉佛教。

8 月 9 日全天到 8 月 10 日上午的一天半时间进行分组发言交流。根据与会专家学者的研究方向，大会秘书处安排分前段（以红山文化为代表）、后段（以辽金元文化为代表）两组交流。我自然被分到后段组。这个组有 30 多人参加，主持人为郑绍宗和徐秉琨。

8 月 9 日上午共有 7 人发言，依次为：中村润子（日本）、门田诚一（日本）、李宇峰、杨富学、梁万龙、齐晓光、积山洋（日本）。

我的发言就是宣读我的《宝山辽代皇族壁画墓初考》。因这是当时发现的辽代最早的壁画墓，壁画内容也丰富新颖，引起在座学者的极大兴趣。黑龙江省社科院历史研究所的孟广耀研究员坐在我右侧，我介绍期间，他不时用笔在文稿上画线，不时侧过来向我点头微笑。等我发言结束，他在桌下用力握住我的手，连声说好。随后，把他的大作——《儒家文化——辽皇朝之魂》一书签名送给我。我当即表示感谢，并表示一定认真拜读。

已从内蒙古考古研究所调往广东番禺市博物馆的齐晓光副研究员，较全面介绍了他始终参与的宝山壁画墓的考古发掘情况。从墓中壁画契丹人形象谈起，探讨辽代髡发的演变。他用大量照片，展示了辽代髡发的类型。他说宝山壁画墓所处的地方四周有茔墙，长 190 米、宽 170 米。南面、东面各有一门，建有瓮城，中间似有建筑物，应为一个家族墓园。墓室里建有石室，类似石房子，渤海国的墓葬有类似情况。

并说在 1 号墓里发现银丝网络残片。他说壁画中女性的服饰款式不是纯唐朝的,有几位女性系着腰裙,唐朝时没有腰裙,五代时才出现腰裙,所以这些女性人物形象中有五代时的元素。关于 1 号墓题记中的"大少君"是谁,他认为可能是阿保机的弟弟安端,那也许是遥辇氏时代最后的一位"少君"。

8 月 9 日下午发言的共有 8 人,依次为:刘国友、计连成、王禹浪、杨富学、田广林、任爱君、李俊义、杨茂盛。

赤峰师专历史系副教授、北方民族文化研究所副所长田广林专门就《契丹国家研究》发表观点。他说,契丹国家的形成经历了三种形态:第一,早期阶段——古国形态,古契丹八部是其产生的形态;第二,大贺氏、遥辇氏阶段——汗国形态;第三,帝国形态。不能把契丹建国与契丹建辽画等号。

8 月 10 日上午继续分组发言交流,共有 6 人发言,依次为:苗泼、田淑华、刘冰、金永田、张连义、赵永春。

赤峰师专历史系苗泼教授还是继续提出辽代应有"景圣之治"时期的观点。他在此前发表的《首论景圣之治》、《二论景圣之治》之后,这次提出《三论景圣之治》的观点,以与唐朝"贞观之治"相对应。苗教授对此观点锲而不舍,精神十分可贵,引起在场学者的热议。

河北省承德市文物局研究所田淑华副研究员的发言重点论述了承德避暑山庄文化与中国古代北方文化的关系。她认为避暑山庄文化属于中国北方古代文化的一个重要组成部分,而且是多元的、组带式的文化,应予以重视并进行综合研究。她说,承德地处华北平原与内蒙古高原的过渡带,为长城内外北方古代各民族文化交汇之地。避暑山庄及周围寺庙是在一种特定历史背景和条件下肇建的,是统一多民族国家最后形成与巩固的历史见证。作为文物实体,承载着丰厚的历史民族文化信息,具有政治、文化、考古、园林建筑、民族宗教等多方面历史价值。避暑山庄文化正是多民族交流、多种文化并存,相互碰撞与吸纳,进而凝聚成的北方古代民族文化的精华所在,是我国多民族文化融汇的典范与结晶,具有鲜明的区域特征和独特的深邃内涵,值得全方位、深层次、多角度的挖掘与研究。

8月10日下午第二次进行大会学术发言，共有7人发言，依次为：巴尔迪·拉斯洛（匈牙利）、连照美（台湾）、孟广耀、王绵厚、杨虎、郑绍宗、田广林。

巴尔迪·拉斯洛博士是匈牙利艺术科学大学的教授。这位老先生西方人的形象特点非常鲜明，发言时也很动感情。通过翻译，我记住他的一段话："匈牙利是匈奴人在多瑙河畔建立的国家，东方是我们民族和国家的起源。落叶归根，我这次来到中国内蒙古参加会议，是回老家了，很是激动。"

黑龙江省社科院历史研究所的孟广耀研究员在发言中提出，在考古理论上应突破北方民族发展不平衡的继承性，要从头越；应该修正古代北方民族政权落后论及凶恶论、契丹丑恶论、辽朝政权威胁论等错误观点，这些观点是不符合历史事实的；金朝灭南宋不是掠夺，是接管，是历史上正常的朝代更替。

杨虎和郑绍宗二位的发言是以前段、后段两个组主持人的身份通报两个组几天来的发言交流情况。

赤峰红山文化学会、辽金史学会秘书长田广林教授用简短的语言对前段会议进行评价。他说，中国北方历史文化在中华国家、中华民族中占有重要地位，与会学者的大会发言和分组交流，都是在理性、热烈的气氛中进行的，学术信息量很大。思维新，观点新，用集体的智慧将北方区域史、民族史的研究推向一个新的高潮。

大会秘书长于建设作简要总结后，三天的交流结束，第一阶段的会议也宣告结束。

8月11日起将开始第二阶段为期10天的考察活动，继续考察赤峰市内和辽西地区部分遗址、遗迹。

在会议进行分组交流的8月9日下午，突然听到阿鲁科尔沁旗发生特大洪水的消息。我立即离开会场用电话向旗里了解洪水情况。据旗防汛指挥部报告：8月初以来，阿鲁科尔沁旗北部罕山一带大范围连续降雨，持续降雨时间长、降水量很大。特别是8月8日24小时降水量超 140 毫米，加上前期连续降雨的因素，致使 8 月 9 日凌晨 1 点多海哈尔河暴发历史上从没有过的特大洪水。上游河道平时只有 80 ～ 120 米宽，这次洪水最大时河面宽达 5000 ～ 6000 米，从东山到西山之间，平日广阔的草原变成一片汪洋。上游的罕苏木大桥瞬间被冲垮，罕苏木苏木政府机关也被洪水冲毁。若干牧户家中进水，若干牲畜被冲走。下游的宝力召苏木有两个村被包围在洪水中，联系一度中断。将灾情上报国家防总后，国家防总火速送来冲锋舟救援，并派直升机空中查看被洪水围困村庄情况，直升机空中见到很多群众被迫转移到房顶上，接通联系后得知，所幸没有人员伤亡。现在旗几大班子领导率科局级干部正在前线全力以赴救灾。

听到这个情况，我真是心急如焚，恨不得立即返回旗里，投身到抗洪救灾第一线。我设法请工作人员接通正在前线指挥救灾的旗委书记朱景田的电话，简要说明我想中断正在参加的会议连夜返回旗里参加抗洪救灾。这个军人出身精明干练的旗委书记在电话里用沙哑的声音喊道："洪水很大，灾害很重，几大班子领导率各级干部都在全力以赴抗灾救灾。你不要回来，要安心开好会议，这也是交给你的重要任务。会议代表还要到阿旗考察，你要负全责，在会上把阿旗的情况介绍好，把到阿旗来的中外学者安排好、接待好。"我还想要争执，朱书记说："别说了，抗洪抢险大家都能干，你现在承担的事别人干不了，没人能替你，由你负全责按会议的安排办吧。抗洪救灾时间长着呢、任务多着呢，回来有你干的。"说完电话挂了。朱书记的话让我久久不能平静，这位在部队锻炼成长又进入大学深造、曾长期在市级领导机关工作的书记，不减当年部队的作风，遇事沉稳、决策果断、雷厉风行、善解人意、善助人难。我知道他当时身上的担子有多重，他刚到阿鲁科尔沁旗工作还不到一年。我是土生土长的当地人，情况熟，又长期负责农业和防洪救灾工作，我回去一定能为他减轻一份压力，多做些我能做的事情。可他毕竟是书记，是顾全大局的书记，抗洪抢险再紧急、再缺人，他也不想把其他应做的工作都停下来。尤其作为一个文化人书记，他不会错过传播阿旗历史文化的任何一个机会。在与朱书记通电话之前，我还在考虑是否要向大会秘书处提出"因阿旗遭受特大洪灾，谢绝会议代表到阿旗考察"的建议呢。这次朱书记明确要求由我负全责，按会议安排圆满落实。

8月11日一早，我没有和考察队伍一起到翁牛特旗和巴林右旗考察，而是和旗文管所所长丛艳双乘车直接赶回阿鲁科尔沁旗。回到旗里，尽量不牵涉其他领导，我只和旗委宣传部部长鲍建国碰了下头，听取家里接待工作准备情况。

下午6点多，与会代表到达天山镇后直奔旗博物馆参观，由20世纪50年代的小剧场改造并刚刚装修完的旗博物馆迎来了开馆以来层次最高的一批客人。300多平方米的展区分五部分：新旧石器时代、青铜至汉唐时期、契丹辽文化、金元明清时期、民族文物，共展出各类文物300多件，其中不乏难见的珍品。我特意把为这次参观而借回的红山彩陶罐介绍给大家，我说这就是苏秉琦先生多次评价的红山文化彩陶罐。大家都拥挤过来认真仔细观看，唯恐错过这一能见真品的机会。因为考古界恐怕没人不知道苏秉琦先生对这个彩陶罐的评语："赤峰地区的文化特点在于民族杂居、文化交错。牛河梁的庙、坛、冢是礼制建筑，这是个重要地区。而赤峰北部的阿旗一带，也是一个重要地方。在这里出土的红山文化彩陶罐，绘有来自中原的玫瑰花、中亚大陆的菱形方格纹和红山本土的龙纹等三种图案，是欧亚大陆汇合点迸出的火花。这意味着五六千年以前，这里是西亚和东亚文化的交汇地带和熔炉，红山文化是多种文化的交错、多种文化融合的产物"，"文化交错地带是有生命力文化出现的地方"。

参观的另一热点是耶律羽之墓志拓片。墓志原件已被内蒙古博物馆收藏，这里展出的只是墓志拓片。因为几天的会议在一起都混熟了，匈牙利的巴尔迪拉斯洛博士和日本的几位学者围着我让给他们介绍墓志的情况。因为墓志文字属于一千多年前的骈体文，我又不懂英语和日语，只好尽量把古文用现代文法向他们介绍，再经翻译译出来给他们听，估计肯定变味了，但从他们听后露出的开心的笑容，可以看出他们的感受是不虚此行。

参观完博物馆，已到了华灯初上的时候了。按照朱书记的指示，我和几个班子的代表，用蒙古族传统的待客习惯，热情宴请了国内外的专家学者。同时，旗乌兰牧骑用他们精彩的演出，为客人献上了草原蒙古族特有的艺术大餐。

8月12日早饭后，送走会议代表，我如释重负。因我急于下到抗洪救灾一线去工作，不可能再参加第二阶段的考察活动了。至此，这次学术交流活动对我来说提前结束了。

最后还是把我在这次会上提交的论文——《宝山辽代皇族壁画墓初考》呈献给大家。该论文在本次会上发表后，先后分别被《昭乌达蒙族师专学报》1999年第3期、《内蒙古社会科学·文史哲版》2000年第4期刊载。

对开始催办此事的那些对专业报告等不起、看不到、看不懂的朋友们来说，这篇论文的提交也许是晚了一些，有些问题尚无法定论，与他们的期待比，可能还有些距离。

宝山辽代皇族壁画墓初考

1994 年，在内蒙古阿鲁科尔沁旗东沙布台乡宝山村西，发现并清理了两座辽代早期壁画墓，获得了大量极其珍贵的辽代早期壁画。其壁画数量之多、绘制年代之早、内容之丰富、画技之高超，属契丹考古方面首见，引起了国内外考古界的轰动，被评为 1994 年全国十大考古新发现之一。笔者根据多次现场考察的情况，对两座壁画墓做点初步考证。

一、墓主人及其身份

从一号墓室内的题记可知该墓内安葬的是"大少君次子勤德"，年仅 14 岁。"大少君"是谁？《辽史》中未见记载。根据墓葬的宏大规模和豪华程度可推断其一定是契丹建国初期皇族中的重要成员。"大少君"从字面解释应为排行第一的少年即封为君王（王储）的人。但阿保机即位后立的太子是耶律倍，而耶律倍约为唐昭宗光化二年或三年（公元 899 年或 900 年）出生，比该墓主勤德出生年份只早10 年左右，故不可能是耶律倍的儿子。但有一点可以肯定，即墓主一定是耶律阿保机的近亲。为 14 岁的孩子建造这么豪华的陵墓，非出自帝王之家是不可能的，应是契丹耶律皇室的王子，因其少年夭亡故未收入《辽史》。

二号墓中未见记载墓主人及其身份的题记，但有两首题诗。其中一首中有"苏娘"一人名，因是墓室壁画上题诗，难以断定是墓主人自己作的诗，还是别人作的诗。如果是后者，只是用诗里引用的苏娘故事来隐喻墓主人生前之事，未必是真指其人。就像一号墓中的壁画人物有汉武帝一样，不能据此就认为该墓是汉武帝的陵墓，所以可以肯定地认为此墓不是苏娘墓。这里安葬的极有可能是一位来自中原的与耶律氏有姻缘关系的女性。

二、墓葬的建造年代及结构

一号墓题记中记载"天赞二年癸未"、"当年八月十日於此殡故记"。辽太祖天赞二年正是后唐庄宗李存勖开国的同光元年，为公元 923 年。由此可知该墓为公元 923 年建造，是辽太祖阿保机在位时的壁画墓。比 1992 年在阿鲁科尔沁旗罕苏木境内发现的耶律羽之墓（有壁画）早 19 年，属目前为止发现的年代最早的辽代壁画墓。二号墓虽无确切的建造时间记载，但根据墓制形式和墓室内的壁画风格推断，应与一号墓为同一时期的墓葬，两座墓建造时间上难分先后。

墓葬由墓道、门庭、墓门、甬道、墓室、石室组成。其中一号墓的墓道东西墙砌有屋檐，意思为东西厢房，正面也砌有屋檐，外观看俨然是一所四合院。墓内为圆形墓室，圆穹隆顶上画有十几根木杆，类似蒙古包顶部的伞状支架。圆形墓室中间为一近似正方形的石室，石室内设置棺床。两个墓的墓室内及穹庐顶上绘满壁画，整个墓葬建造得雕梁画栋、气势恢宏。

三、壁画的内容

这两座墓葬均早期被盗，但墓内壁画保存基本完好。两墓葬共有壁画 120 平方米，其内容以人物为主，兼及植物、动物。壁画中有各类人物 46 个，其中有男女主人、侍从、牵马童、守门侍卫。有《降真图》、《寄锦图》、《诵经图》。人物中除有现实生活中的人物外，还有神话传说和前朝掌故中的人物，如西王母、众仙女（有三位标名者，因字迹被水渍后无法辨认）、汉武帝。还有标名"刘楚"的儒生装扮的白描人物图。植物主要是垂柳、芭蕉、竹子、棕榈、菩提树及其他花卉，动物主要是马、羊、狗等驯养家畜和鹦鹉等鸟类。

此外还有弓、箭、剑、马鞍具、桌子、凳子、点心盒、杯盘碗盏等。

除上述内容外，两墓室内还有一处题记和两处题诗。其中一号墓的题记较完整，多数字迹清晰可辨。全文为："天赞二年癸未为大少君次子勤德年十四五月廿日亡当年八月十日於此殡故记。"

二号墓有两首题诗，分别题在两幅画上。第一首题在《寄锦图》的左上角，竖书三行，按书写习惯自右向左读。因年久部分字剥落，成为残诗，可推断为"□□征辽岁月深，苏娘颙□□难任，丁宁织寄迴□□，表妾平生缱绻心。"有的学者认为此幅画表现的是古杂体诗《璇玑图》的故事，画中的女主人公"苏娘"应为苏蕙，是十六国时前秦著名女诗人，字若兰，武功（今陕西）人，苏道质第三女，不仅"仪容妙绝"，而且"智识精明"。嫁夫窦滔，符坚时为秦州刺史，后因罪徙流沙，后来复出被封为安南将军，留镇襄阳。窦滔有个宠姬赵阳台，"歌舞之妙无出其右"。窦滔欲携其同往襄阳，苏蕙愤而不肯同行，窦滔遂抛下苏蕙，独携赵阳台到襄阳上任，并从此断绝了与苏蕙的"音问"。"苏氏悔恨自伤，因织锦为回文，五彩相宣，莹心辉目。纵广八寸，题诗二百余首，计八百余言。纵横反覆，皆为文章"，名曰《璇玑图》。寄至襄阳，窦滔见诗后甚为感动，遂把赵阳台送回关中，备车以礼将苏氏接到襄阳。故认为此画应为《寄锦图》。但诗中"征辽岁月深"一说令人费解。第二首题在《诵经图》的右上角，竖书三行，不是自右向左读，而是自左向右读。其诗内容是赞美画中的白鹦鹉，全诗较为完整，仅有一字漫漶不清。诗文为："雪衣丹觜陇山禽，每受宫闱指教深，□向人前出凡语，声声皆是念经音。"

四、壁画发现的意义

在宝山辽代皇族壁画墓的清理和发掘过程中，发现了丰富的辽代早期壁画，为史学界、社会学界、宗教界及绘画艺术界的研究提供了有关辽代丰富真实的历史资料，对其深入研究有极其重要的意义。

其一，再一次证明了辽代早期的墓葬内确有壁画。在一段时间里，考古界曾认为辽代的壁画墓只在中后期才有，早期的辽代墓葬里没有壁画。1992年耶律羽之墓的发现否定了这种认识，证明了辽代早期即在公元10世纪40年代初已有壁画墓。这次宝山壁画墓的发现不但再次证明了辽早期的墓葬里有壁画，而且又把时间由耶律羽之墓的公元942年前推到公元923年，提前了19年，这是迄今为止发现的年代最早的辽代壁画墓。

其二，壁画所反映的内容再现了契丹早期社会的经济、社会状况，反映了当时的生产力水平。从壁画中人物和与之共同生活的马、牛、羊、狗等动物情况，可以看出当时畜牧业已成为契丹王朝的主导产业，马已成为供人们骑乘的主要交通工具。可以想象，在一千多年前，阿鲁科尔沁草原就是广阔的牧场，到处是成群的骏马和牛羊。从精雕细刻的马鞍具、弓、箭、木制油漆家具、饰具等可以看出当时生活在这里的人们，不但经营着畜牧业，而且还兼营狩猎业，同时手工业已达到相当高的水平。从人们的衣着服饰质量上可看出纺织业已很发达，男牧女织可能是当时典型的以家庭为单位的生产方式。画中独不见农耕具，说明当时农业很不发达。从画面中主人、仆人所处的位置、姿势、神态可以看出主仆的等级制已相当明显，说明北方游牧民族草原帝国的等级制度绝不比中原王朝逊色。

其三，反映了中原汉文化与北方契丹文化的相互辐射、相互影响、相互吸收、相互融合，反映了中原民族与边疆少数民族往来密切、相处和睦。如壁画中的垂柳、竹林、芭蕉、棕榈、菩提树等亚热带植物都画得很逼真，如果不是北方人亲自到南方目睹，或者不是南方画家亲到北方作画，光凭想象都是做不到的。还有西王母率众仙女见汉武帝和《诵经图》、《寄锦图》的画面，这些典型中原文化中的道教、佛教色彩，更说明在一千多年前生活在这一带的先民们就从中原引来了道教、佛教，就信奉道教、佛教，就生活在中原文化和边疆少数民族文化相互交流、相互影响的环境中。

　　其四，展示了晚唐辽初时期高超的绘画技巧。杨仁恺先生在他主编的《中国书画》一书中，在论述盛唐绘画艺术时指出："盛唐是中国画史上一个空前繁盛的时代，一个出现了巨人与全新风格的时代，一个应物象形能力极大提高并且与丰富的艺术想象相结合的时代"，"人物造型更加准确生动，甚至有四面生意。仕女形象大率秾丽丰满，用笔出现了更有弹力的莼菜条般的描法，流畅飞动，刚健婀娜"。在论及中晚唐的绘画艺术时指出："人物仕女画与宗教绘画，继承发展着盛唐的馀绪，更趋圆满完备。肖像画不惟妙得其真，且能体现被画者言笑之状。仕女画未脱张萱蹊径，但更尚风姿，形象仍属丰艳秾丽，性格情思的表现则青出于蓝，优秀的作品还传达了内心孤寂迷惘的情绪。"两墓葬中的壁画与以上论述极为吻合。通览两墓葬壁画，篇幅巨大、内容丰富、笔法娴熟、设色鲜艳、唐风浓厚。画中的人物多数身着唐装，尤其是女性，丰腴的体态、圆润的面部、蛾眉、细目、小口、华丽的服饰，皆为典型的唐代形象。画师采用精美细腻的工笔重彩技法进行描绘，使人物栩栩如生、神态各异、惟妙惟肖。如前所述的《诵经图》中，两名侍女一人手持团扇，一人双手捧碗，陪伴两旁，女主人居中而坐，展开一轴经卷，铺于案上，专心致志地诵读。画者独具匠心地在其身边设置了一只学舌的鹦鹉，也和主人一样注视着展开的经卷，仿佛在学主人读经，并配以赞美的诗文。还有画中的桌凳杯盏之类，立体感极强，以致一些初进墓室的人以为那不是画，而是放着的实物，不自觉地动手去拿，碰到墙上才知是画。马的画法也颇具唐马风格，马的个体较大、浑圆肥壮、形神具备，再配以精致的鞍饰，更显得威武雄壮。在绘画技巧方面除以上特点外，另一独特之处是在服饰、头饰、弓箭等物品上采用了贴金的装饰手法，这与已发现的唐懿德太子墓和唐永泰公主墓壁画中的贴金箔技术相当一致，在已发现的辽代壁画中属绝无仅有。这些画作于公元923年，那时唐朝仅灭亡16年，就是辽王朝建立那年（公元907年）出生的人也只有十六七岁，尚未成年。这样丰富的艺术构思，这样高超的绘画技巧，当出自有相当造诣的画师之手。参照杨仁恺先生的论述,有理由认为,这些画均出自唐人之手。又由于画面中南方园林特色极浓,所以极有可能是来自中原或南方的画师所作,它充分展现了晚唐一代的高超绘画技巧和巧妙的艺术构思。

其五,这两个墓葬的发现,进一步证实了契丹皇族——耶律氏的发源地不在祖州,祖州只是祖陵的奉陵邑,其家族的真正发源地可能还在上京以东今阿鲁科尔沁旗境内。理由是耶律羽之墓、耶律万辛(北大王)墓和这两座皇族墓都在阿鲁科尔沁旗境内发现,按中华民族落叶归根的习俗推断,这些地方应是他们的出生地,很可能早期他们就在这一带生活。

参考文献

[1] 杨仁恺. 中国书画. 上海: 上海古籍出版社, 1990.

[2] 何贤武, 王秋华. 中国文物考古辞典. 沈阳: 辽宁科学技术出版社, 1993.

[3] 吴小如. 汉魏六朝诗鉴赏辞典. 上海: 上海辞书出版社, 1992.

宝山辽代一号墓壁画

石室门

墓室门庭

《降真图》全图

《降真图》局部

《高逸图》局部（之一）

《高逸图》局部（之二）

耶律勤德墓室题记

《厅堂图》局部（之一）

《厅堂图》局部（之二）

《厅堂图》局部（之三）

门吏（之一）

门吏（之二）

门吏（之三）

门吏（之四）

《侍仆图》（之一）　　　　　　　　　　《侍仆图》（之二）

《侍仆图》（之三）

《侍仆图》（之四）

《侍仆图》（之五）

《牵马图》局部（之一）

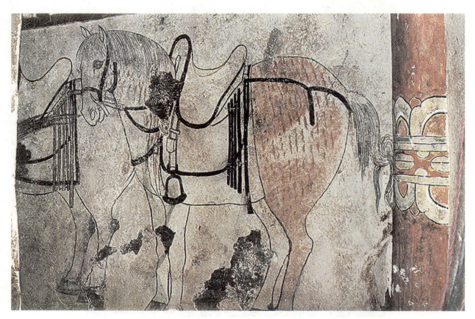

《牵马图》局部（之二）

《牵马图》局部（之三）

马鞍局部

墓室左侧门吏

墓室右侧门吏

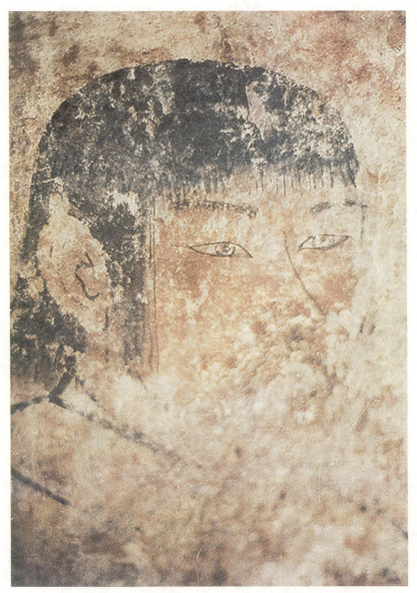

石室外墙门吏

《犬羊图》局部（之一）

《犬羊图》局部（之二）

《厅桌杯盘图》

仿木斗拱

火焰图

穹隆顶处花卉

仿木斗拱

石室顶部莲花图

砖雕彩绘斗拱

雕刻团花方砖

墓室地面雕花青砖

石室门额上的《飞鹤流云图》

宝山辽代二号墓壁画

《寄锦图》全图

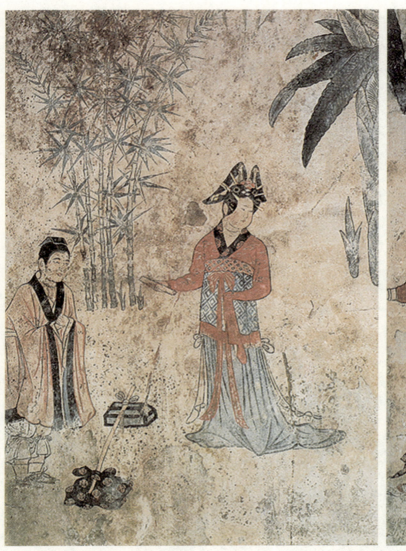
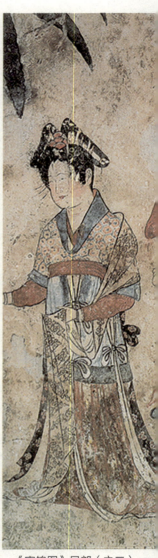

《寄锦图》局部（之一）　　　　　　　　　　　　　　　《寄锦图》局部（之二）

《寄锦图》局部（之三）

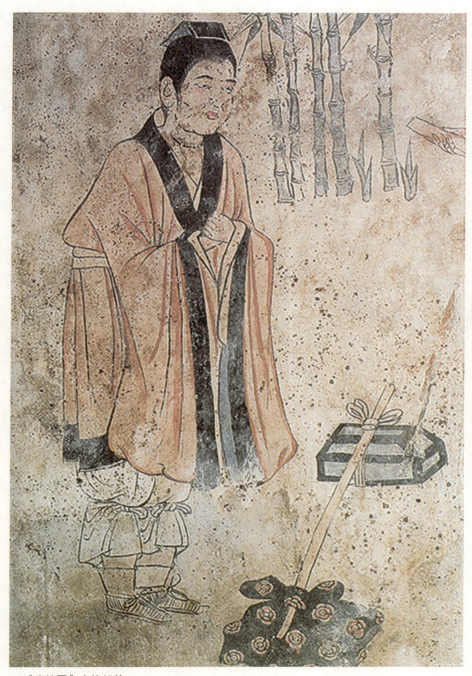

《寄锦图》中的邮差

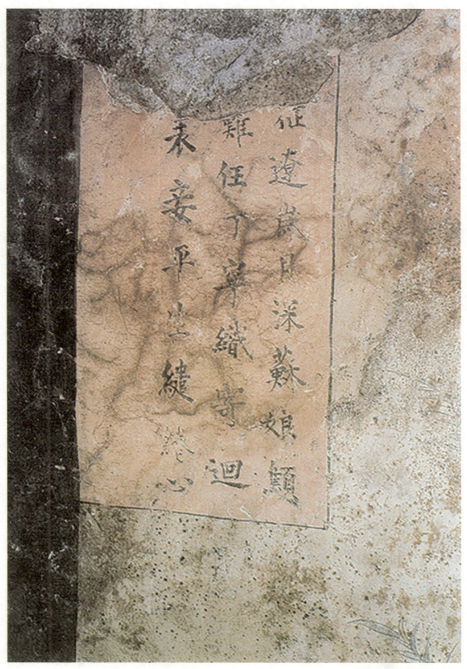

《寄锦图》题记

侍女（之一）

侍女（之二）

《诵经图》全图

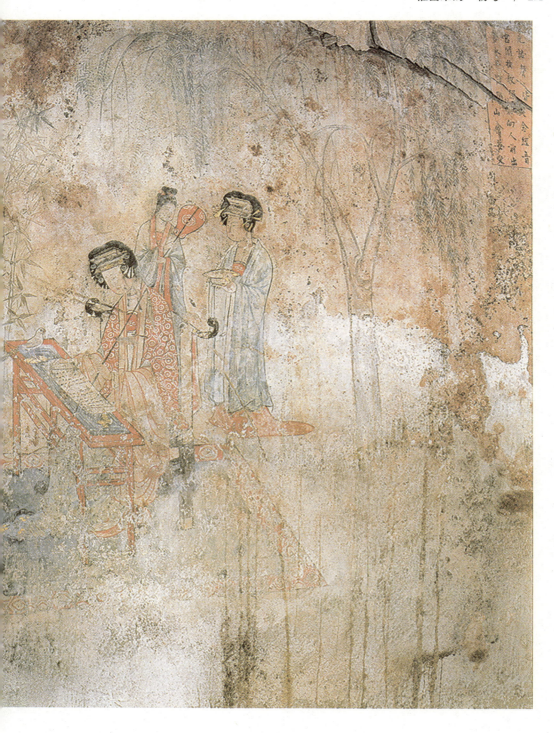

《诵经图》局部（之一）

《诵经图》局部（之二）

《诵经图》局部（之三）

《诵经图》局部（之四）

《诵经图》中的女仆

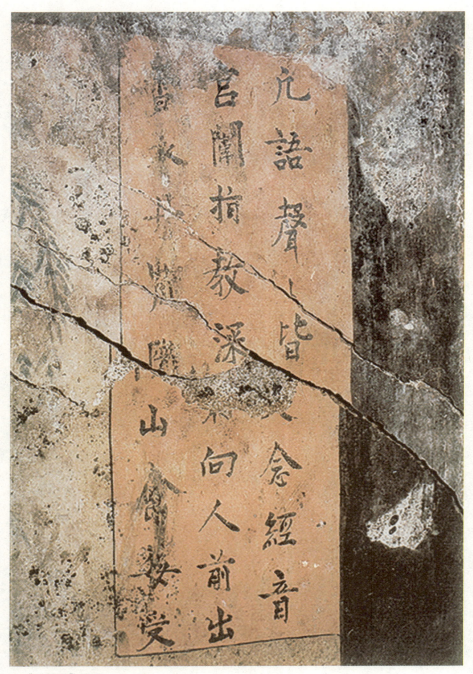

《诵经图》题记

《厅堂图》局部（之一）

《厅堂图》局部（之二）

石室门（外侧）

石室与穹隆顶衔接彩绘石柱

石室顶部彩绘团花图（之一）

石室顶部彩绘团花图（之二）

石室顶部彩绘团花图（之三）

后 记

　　《趣谈辽墓考古》一书出版了。这是我从工作岗位上退下来没事找事做的一件事。是我在从政之余，研究辽墓考古二十多年一个大略的总结。也想以此为赤峰市的辽文化研究尽绵薄之力。

　　在本书出版之际，我要衷心感谢曾长期在阿鲁科尔沁旗文管所（今阿鲁科尔沁旗博物馆）工作的丛艳双、白音查干二位同志。他们多次陪我到现场考察、帮我收集信息，还为本书的编写提供了很多珍贵照片。

　　本书初稿形成后，邀请于凤先、梅国一、宋英达、李海峰、赵向阳、李树民、于丽华、张凤平、丛艳双几位朋友对初稿进行了认真审读，提出了很多卓有见地的意见，对本书质量的提升起到了重要作用，在这里一并表示感谢！

　　在本书出版之际，我还要向读者说明，书中围绕的四篇论文，都是二十几年前发表的。鉴于当时认识上的局限性，在这次收录入本书时，对论文中个别文字做了适当改动。

　　在本书写作过程中，我认真拜读了几位名家的著作，主要有：中国社会科学院历史研究所副研究员吴玉贵的《内蒙古赤峰宝山辽壁画墓"诵经图"略考》（刊载于《文物》1999年第2期）、《内蒙古赤峰宝山辽墓壁画"寄锦图"考》（刊载于《文物》2001年第3期）两篇文章；中央美术学院美术史系副教授罗士平的《辽墓壁画试读》（刊载于《文物》1999年第1期）；巫鸿、李清泉著，上海书画院出版的《宝山辽墓材料与释读》；巫鸿著，施杰译，生活·读书·新知三联书店出版的《黄泉下的美术：宏观中国古代墓葬》。因此，写作本书时已不是论文发表时的认识水平，其中选择吸收了包括上述著作观点在内的很多观点，也向作者致谢！

梁万龙

2015 年 8 月 25 日

本次印刷对一印中个别文字错误进行了修改。

——作者